Se Não For Ajudar, Não Atrapalhe

Elimine de Sua Vida Tudo que Não o Deixa Avançar

Nika Vázquez Seguí

Se Não For Ajudar, Não Atrapalhe

Elimine de Sua Vida Tudo que Não o Deixa Avançar

Tradução:
Sandra Martha Dolinsky

MADRAS®

Publicado originalmente em Espanhol sob o título *Aporta o Aparta*, por Penguin Random House Grupo Editorial, S.A.U.
© 2016, Nika Vásquez Seguí.
© 2017, edição em espanhol, Penguin Random House Grupo Editorial, S.A.U.
Direitos de edição e tradução para o Brasil.
Tradução autorizada do espanhol.
© 2017, Madras Editora Ltda.

Editor:
Wagner Veneziani Costa

Produção e Capa:
Equipe Técnica Madras

Tradução:
Sandra Martha Dolinsky

Revisão da Tradução:
Arlete Genari

Revisão:
Silvia Massimini Felix

Dados Internacionais de Catalogação na Publicação (CIP)(Câmara Brasileira do Livro, SP, Brasil)

Vázquez Seguí, Nika
Se não for ajudar, não atrapalhe: elimine de sua vida tudo que não o deixa avançar/Nika Vázquez Seguí; tradução Sandra Martha Dolinsky. – São Paulo: Madras, 2017.
Título original: Aporta o aparta.
ISBN 978-85-370-1103-4

    1. Autoajuda 2. Conduta de vida 3. Crescimento pessoal 4. Felicidade I. Título.

17-09763   CDD-158

    Índices para catálogo sistemático:
    1. Felicidade: Conduta de vida: Psicologia aplicada 158

É proibida a reprodução total ou parcial desta obra, de qualquer forma ou por qualquer meio eletrônico, mecânico, inclusive por meio de processos xerográficos, incluindo ainda o uso da internet, sem a permissão expressa da Madras Editora, na pessoa de seu editor (Lei nº 9.610, de 19/2/1998).

Todos os direitos desta edição, em língua portuguesa, reservados pela

MADRAS EDITORA LTDA.
Rua Paulo Gonçalves, 88 – Santana
CEP: 02403-020 – São Paulo/SP
Caixa Postal: 12183 – CEP: 02013-970
Tel.: (11) 2281-5555 – Fax: (11) 2959-3090
www.madras.com.br

À minha mãe,
por não soltar minha mão.

Índice

Prólogo 11

1. ONDE, QUANDO E COMO SER FELIZ 15
   Capturar o Agora 16
   A felicidade está na antessala
   da felicidade (Eduard Punset) 18
   Exercício prático: uma lista de pequenas grandes coisas ... 19

2. FUGIR PARA NÃO SENTIR 21
   Luta, inibição ou fuga 23
   Contra o medo 24
   Por mais longe que vá, você se leva a todo lado 25
   Exercício prático: cinco passos contra o medo 26

3. A INCERTA AVENTURA DE VIVER 27
   Coisas que acontecem 28
   A oração da serenidade 29
   Exercício prático: preparar o "plano A" e o "plano B" 31

4. MÁS NOTÍCIAS 33
   O caminho da aceitação 34
   Transitar a dor 36
   Exercício prático: a rosa e o espinho 37

5. TROPEÇAR NA MESMA PEDRA..................................39
   Por que é tão difícil aprender a lição 40
   Exercício prático: assumir a responsabilidade
   por nossos erros 42

6. ASSUNTOS INCONCLUSOS....................................43
   Deixar o passado para trás 44
   Exercício prático: encerrar o passado 46

7. INTUIÇÃO 47
   Intuo, logo acerto 48
   Um processo matemático....................................49
   Exercício prático: ativar a intuição......................50

8. UM DIA ESSA DOR LHE SERÁ ÚTIL........................51
   O poder da resiliência..52
   Exercício prático: sou, tenho, estou e posso 54

9. PODEMOS ESCOLHER NOSSAS RECORDAÇÕES?......57
   Desejos de esquecer..58
   O passado como reserva de felicidade.................60
   Exercício prático: criar as recordações do futuro ...61

10. ANESTESIA CEREBRAL.......................................63
   Ruminar não é pensar de forma eficaz.................64
   Só os ignorantes podem ser felizes?....................66
   Exercício prático: daqui a seis meses,
   dois anos e cinco anos.......................................67

11. A DOR SE ACUMULA E A FELICIDADE NÃO? 69
   Tudo depende de nosso olhar..............................70
   Exercício prático: cinco gotas de felicidade..........72

Índice

12. FÉ NA FELICIDADE 73
    Sem fé, nada faz sentido 74
    Exercício prático: ligar os pontos 76

13. É POSSÍVEL MUDAR, SE QUISER 77
    Para mudar o mundo, mude você primeiro 78
    Plasticidade neuronal 79
    Assumir o comando 80
    Exercício prático: mudanças que perduram no tempo 80

14. SAIR DO CIRCUITO FECHADO 83
    Uma decisão crucial 84
    Exercício prático: reprogramar crenças 86

15. NÃO PENSE MAIS NISSO 87
    Armadilhas da negatividade 89
    Exercício prático: cinco maneiras de se libertar
    dos pensamentos negativos 90

16. MAIS ALÉM DO PESSIMISMO 93
    Mudar é possível 94
    Crie um padrão 96
    Exercício prático: criar círculos de otimismo 96

17. A ARTE DE DESAPRENDER 97
    Respirar de outro jeito 98
    Exercício prático: desativar maus hábitos mentais 100

18. TENHO DE SER FELIZ 103
    Ser feliz não é uma obrigação 104
    Até o paraíso cansa 105
    Viva a crise! 107
    Exercício prático: a alquimia da tristeza 108

19. NADA É PERFEITO, NINGUÉM É PERFEITO 109
  O estresse de querer ser perfeito 110
  Exercício prático: você é perfeccionista? 111

20. DA PELE PARA DENTRO 113
  Conhecer a si mesmo e tomar decisões 114
  Se o plano A não der certo 116
  Exercício prático: reconhecer nossas
  seis emoções básicas 117

21. AFETAÇÃO DE TODAS AS ÁREAS 119
  Um por todos e todos por um! 121
  Exercício prático: a roda da vida 121

22. CRIAR E RECRIAR-SE 123
  Somos todos criativos 124
  Qual é seu elemento? 124
  Voltar a ser criança 126
  Exercício prático: recuperar o espírito de sua infância 128

23. DAR E PEDIR AJUDA 129
  Aprender a pedir 130
  Exercício prático: a assertividade em cinco passos 132

24. UM SOL DENTRO DE VOCÊ 133
  O salvador se transforma em verdugo 134
  Não deixe que ninguém roube seu brilho 134
  Exercício prático: pôr as ideias em prática 136

25. O IDIOMA DA FELICIDADE 137
  Fale-me de você 138
  Exercício prático: dois ajustes para
  mudar sua realidade 140

Epílogo: Breve Decálogo da Felicidade 141

Prólogo

É essa a vida que você realmente quer viver? Pode parecer uma pergunta muito direta para abrir um livro, mas, tendo em vista que seu objetivo é melhorar sua existência, vamos começar por aqui.

Como acontece com todas as perguntas, se nos aprofundarmos nela chegaremos a muitas outras, que, nesse caso, nos permitirão fazer uma radiografia de nosso nível de felicidade.

O que você gostaria de mudar em sua vida?

Que sonhos deixou de lado?

O que está fazendo que não gostaria de fazer?

Depois dos "quês" chegam os "por quês", que poderiam ser resumidos nesta pergunta:

Por que você não está fazendo da vida o que deseja?

Há muitos fatores, hábitos e decisões que podem levar a uma vida de insatisfação, mas por trás de toda resistência a mudanças está o medo.

O medo é uma reação normal diante do desconhecido, diante de uma ameaça. Graças ao medo, sobrevivemos desde a época das cavernas até hoje. Sua função é nos alertar diante de situações que podem pôr em risco nossa integridade física, como nos fazer prestar atenção ao atravessar a rua ou andar pelo lado iluminado da calçada quando voltamos para casa à noite.

No entanto, com frequência escuto no consultório sobre um medo que nada tem a ver com a sobrevivência. Trata-se do medo de ser bem-sucedido, de se apaixonar, de que as coisas melhorem.

Enfim, medo de ser feliz.

Como é possível ter medo de ser feliz, se esse é o objetivo vital que toda pessoa busca durante seu dia a dia?

Diversos motivos fazem que experimentemos a sensação de medo de ser feliz e de batalhar pelo sucesso:

1. Um desses motivos é que sentimos que *não merecemos essa felicidade*. Ensinaram-nos a acreditar que estamos neste mundo para sofrer, trabalhar e nos doarmos aos outros, passando por cima de nossas necessidades. Essa crença vem marcada pela tradição judaico-cristã da qual procedemos, e a ideia de não buscar a própria felicidade faz parte dela.

2. Por outro lado, a *necessidade de controle excessivo* implica um grande freio no caminho da felicidade. O fato de nos preocuparmos demais com o que pode acontecer nos paralisa e nos leva a abandonar projetos que poderiam mudar nossa vida.

3. Outro motivo que influencia no autoboicote é o medo de *não poder lidar com a frustração* se as coisas não saírem como desejamos, se algo não der certo. Quando somos crianças, ninguém nos ensina a perder. Aprendemos a lutar pelo que queremos, mas não a lidar com a dor de não conseguir. Por isso, muitos não se atrevem nem a começar.

Se afastarmos essas três ideias limitadoras, que não trazem nada de bom para nossa vida, andaremos para a frente.

O objetivo deste manual é ajudar você a desarmar essas ideias paralisantes e trocá-las por outras que o levem ao sucesso e à felicidade.

Não existe um segredo para a perfeição, mas temos as ferramentas para enfrentar todas as aventuras que a vida nos oferece. Por isso, eu o incentivo a arriscar e se atrever a ser feliz.

NIKA VÁZQUEZ SEGUÍ

1

Onde, Quando e Como Ser Feliz

> *"Pela rua do já vou se vai à casa do nunca."*
> *Miguel de Cervantes*

Durante muitos anos, trabalhei em serviços de oncologia e hematologia. As pessoas pensam que são lugares escuros, onde o sofrimento reina em todos os quartos. No entanto, não é verdade. São espaços em que a vitalidade e a vontade de desfrutar se notam no ar, flutuam. E foi exatamente em um desses quartos que conheci Alejandro.

Naquela época, ele tinha 19 anos e sua doença avançava depressa. Quando eu o visitava, ele sempre me recebia com um sorriso, ao contrário do que fazia com os demais profissionais do serviço ou com as visitas, pelo que haviam comentado comigo. Um dia, perguntei-lhe por quê, quando eu ia vê-lo, ele tinha um humor diferente de quando iam os outros, e sua resposta me deixou impressionada: "Estou farto de ouvir as pessoas me dizerem: 'Quando acabar o tratamento, você vai se sentir melhor'; 'Você vai ver que logo vai sair e se recuperar' ou 'Vá, aguente mais um pouco, só faltam três ciclos'. Todos me dizem que é no futuro que estarei bem. Mas você não. Você não garante que vou me curar, não mente para mim, não me fala do futuro. Você me diz que o que vale é o dia de hoje, e as risadas que damos juntos é o que me vale hoje. Amanhã não sei se estarei aqui para vê-la entrar pela porta, por isso sorrio quando você aparece".

CAPTURAR O AGORA

No consultório, sempre escuto frases do tipo: "Quando eu arrumar um emprego, estarei feliz"; ou "Se eu tivesse alguém, tudo seria perfeito"; ou até "Com cinco quilos a menos eu estaria feliz da vida".

Se repararmos, são todas situações nas quais dependemos do futuro, de um futuro hipotético. E o que acontece com o presente?

Essa questão ocupou o trabalho do escritor de origem alemã Eckhart Tolle, que antes de escrever *El Poder del Ahora* padeceu de uma depressão até os 29 anos. Em seu livro, ele explica que, quando perdemos o momento presente, perdemos tudo o que temos. De fato, ter a consciência de que não sabemos desfrutar o aqui e agora é o início de uma profunda transformação; como ele diz:

"Saber que você não está presente é um grande sucesso: esse conhecimento é presença, mesmo que inicialmente dure apenas dois segundos do tempo do relógio e se perca de novo. Depois, com frequência crescente, você escolhe ter a atenção de sua consciência no presente mais que no passado ou no futuro, e cada vez que se dá conta de que perdeu o Agora, pode permanecer nele não por dois segundos, e sim por períodos mais longos percebidos pela perspectiva externa do tempo do relógio (...). Você perde o Agora e volta a ele várias vezes. Até que, um dia, a presença se torna seu estado predominante."

A ioga e a meditação são, sem dúvida, ferramentas adequadas para capturar o Agora. Trata-se de deter o fluxo de pensamentos por um instante, deixar de nos projetarmos para o passado ou o futuro. No passado vivem os ressentimentos e no futuro as preocupações, mas nossa missão como seres humanos é viver no presente da melhor maneira possível.

> **O homem mais sábio**
>
> Conta uma lenda oriental que um viajante foi em busca de um velho sábio que vivia na rua. Aproximou-se dele e disse:
>
> – Dizem por aí que o senhor é a pessoa mais sábia daqui. É verdade?
>
> – Sim, sou – respondeu o sábio.
>
> – Então, responda: o que um sábio como você pode fazer, que qualquer outra pessoa não possa?
>
> Surpreso com a pergunta do viajante e pelo fato de ele questionar sua sabedoria, o ancião respondeu:
>
> – Quando como, só como. Quando durmo, só durmo. E quando falo com você, só falo com você. Isso é tudo.
>
> – Só isso? – tornou a perguntar o viajante, incrédulo. – Isso eu também posso fazer, e não sou nenhum sábio – acrescentou.
>
> – Duvido muito. Com certeza, quando você dorme, pensa nas coisas ruins do dia ou no que o espera na manhã seguinte. Quando come, está pensando no que vai fazer mais tarde. E quando fala comigo, está pensando em que respostas vai me dar e o que me dirá, em vez de escutar o que lhe digo. Para ser sábio, o segredo está em viver cada momento do presente, ter consciência do que se vive e, assim, poder desfrutar cada minuto da vida.

A FELICIDADE ESTÁ NA ANTESSALA DA FELICIDADE (EDUARD PUNSET)

No ofício de ser feliz, como dizia Antonio Machado, *o caminho se faz ao andar*. E é na própria vida que estão as pequenas gotas de felicidade, os momentos – talvez minutos ou só segundos – em que nos damos conta de que esse instante é único e ímpar.

A felicidade vem em embalagens individuais, momento a momento, e é um produto cotidiano. Outra coisa diferente é que, por causa de nossa miopia espiritual, não a saibamos ver. Nossa rotina diária está cheia de instantes simples e prazerosos que, se soubermos reconhecer seu valor, nos darão calma, bem-estar, serenidade e um sentimento profundo de gratidão pela vida.

Buscar a felicidade no futuro é absurdo, posto que o estamos construindo agora mesmo, no presente. Isso é tudo que temos. Ansiar pelo que não temos, que sequer sabemos o que é, equivale a fechar os olhos para as maravilhas do presente.

Portanto, se você se perguntar onde, quando e como ser feliz, a resposta a essas três perguntas é muito fácil:

ONDE? Aqui mesmo, onde você está neste momento. Não está em nenhum outro lugar.

QUANDO? Agora. O passado já ficou para trás, o futuro ainda não existe.

COMO? Abra os sentidos para aquilo que o cerca. Valorize o que tem como se fosse a última vez que o vive, o que é verdade. Agradeça pelo que a vida lhe oferece neste momento e lugar.

EXERCÍCIO PRÁTICO: UMA LISTA DE PEQUENAS GRANDES COISAS

Imagine que o médico acaba de lhe comunicar que você tem uma doença terminal. Vai ser internado hoje mesmo e jamais poderá voltar para sua casa nem para a rotina que compunha sua vida até agora.

Diante dessa situação, antes de ir para o hospital, faça uma lista com tudo aquilo de que sentirá falta de seu dia a dia. Para facilitar sua tarefa, organize esses pequenos presentes do presente em:

- Coisas cotidianas que você faz em casa, sozinho ou com a família, e que lhe dão felicidade.
- Coisas que você faz fora de casa, para si mesmo, e que são fonte de estímulo ou de satisfação.
- Coisas que você faz com outras pessoas e que lhe dão prazer, proporcionam diversão ou aprendizagem.

Quando estiver com a lista pronta, tome consciência de que sua vida não acabou e que, portanto, você vai continuar desfrutando tudo isso.

Leve a lista com você, na bolsa ou no bolso, onde a puder ler com frequência.

A partir de agora, cada vez que você se encontrar diante de uma dessas *pequenas coisas*, reconheça-a com gratidão e curta-a como se fosse a última vez.

2

Fugir para não Sentir

"Um dia, em qualquer parte, em qualquer lugar, indefectivelmente, tu encontrarás a ti mesmo, e essa, só essa, pode ser a mais feliz ou a mais amarga de tuas horas."

Pablo Neruda

Carmen, de 26 anos, era formada em Administração e Direção de Empresas (ADE) e tinha mestrado. Estava desanimada por ainda morar com seus pais, por não arranjar emprego e não se sentir satisfeita com seus amigos e entorno, de modo que decidiu morar um tempo na Inglaterra para começar uma nova jornada.

Chegando lá, seu mal-estar se transformou em somatização. Ela começou a ter enxaquecas e problemas digestivos. Foi quando entrou em contato comigo e iniciamos sessões terapêuticas por Skype.

Ao longo de nossas conversas, ela percebeu que, na realidade, estava fugindo si mesma, uma vez que seu novo entorno a desagradava ainda mais do que a vida que havia deixado para trás. Foi difícil para ela reconhecer, mas acabou descobrindo que sentia falta de sua família e dos amigos, e que a solidão do exterior não resolvia nenhum de seus problemas.

Sua fuga era a resposta a uma autoestima muito baixa, porque ela não se sentia confortável com quem era. A opção de mudar de país e de vida não estava modificando sua personalidade nem seu modo de sentir.

Como muitos outros pacientes com pouca autoestima, essa moça se mostrava muito perfeccionista, controladora e exigente consigo mesma. Exigia que seus amigos e familiares também fossem perfeitos, e por isso estava sempre desgostosa ou decepcionada.

Na terapia, ela foi assumindo pouco a pouco que isso não era possível, além de entender que o entorno não era culpado por seu mal-estar. Quando ela começou a se aceitar, percebendo a impossibilidade de fugir de si mesma, conseguiu se sentir melhor.

Fábula do leão medroso

Certa vez, um leão foi até um lago de águas espelhadas e cristalinas para aplacar sua sede. Ao se aproximar, viu seu rosto refletido nelas e pensou, apavorado: "Ora, este lago deve ser desse leão. Preciso ter muito cuidado com ele!".

Com medo, ele se afastou das águas, mas estava com tanta sede que regressou ao lago lentamente. E ali estava outra vez o leão. O que fazer?

A sede o devorava, e não havia outro lago perto. Então, ele retrocedeu, tornou a se aproximar devagar, e ao ver o leão de novo nas águas, mostrou suas presas ameaçadoras. Mas, ao ver que o leão do lago fazia o mesmo, sentiu medo e saiu correndo.

Mas estava com muita sede! Várias vezes ele tentou, e sempre fugia assustado. Quando a sede se tornou insuportável, por fim ele tomou a decisão de beber água, enfrentando o leão do lago. Assim fez. Tomou impulso e, ao enfiar a cabeça nas águas, o leão do lago desapareceu!

LUTA, INIBIÇÃO OU FUGA

Os seres humanos, assim como os demais animais, com frequência se deparam com situações que consideram ameaçadoras. Diante desse cenário, ocorrem diversas reações biológicas, que geram uma resposta para tentar superar a situação de perigo.

Walter Cannon, com a ajuda de seu sócio Philip Bard, investigou como reagimos diante do perigo. Para esses cientistas, o artífice principal desse processo é o tálamo, uma região do cérebro que integra as reações emocionais para depois, por meio do sistema nervoso, dar uma resposta específica mediante o comportamento.

Conhecida também como lei de luta ou fuga, essa teoria afirma que há duas respostas principais diante da percepção de um perigo:

- *Luta*. É a resposta agressiva que nos impulsiona a nos defendermos diante da insegurança. Em termos corporais se traduz, às vezes, na necessidade de bater, de gritar e de atacar o inimigo ou o problema.
- *Fuga*. É uma resposta protetora que nos induz a nos afastarmos desse perigo que enfrentamos. Muitas vezes é percebida fisicamente com um tremor nas pernas, ou um formigamento nas extremidades, que se preparam para reagir. Emocionalmente, pode causar estresse ou ansiedade.

No entanto, embora essas duas sejam as respostas mais comuns, há uma terceira reação, que em inglês é conhecida como *freeze*, e poderia ser traduzida como "paralisação". É a resposta que, aparentemente, nos leva a nos abandonarmos ao perigo, em vez de lutar ou fugir. O organismo fica paralisado porque não consegue assimilar as emoções que experimenta. Essa resposta costuma ser associada ao pânico ou medo intenso, e faz que, apesar de se encontrar diante de um perigo iminente, a pessoa não consiga sair do lugar.

O que essa resposta paralisante pretende é impedir que o inimigo detecte sua presa, ou que a considere um animal já morto que ele poderia não querer devorar, diante da possibilidade de que estivesse doente. Se, por exemplo, encontrarmos um urso (ou um chefe furioso), ficar quietos e não nos destacarmos é uma estratégia para não provocar nele a ira nem a vontade de nos perseguir e atacar.

No consultório, diante dessa reação, costumo usar a ideia irracional que muitas pessoas têm e põem em prática: "Aquilo de que não se fala não existe". Ou seja, diante de uma ameaça ou um problema, agir como se não existisse, enfiar a cabeça debaixo da terra, como o avestruz, e esperar que o problema não nos alcance ou que passemos despercebidos.

CONTRA O MEDO

Com frequência encontro gente que, diante de situações que não sabe administrar, simplesmente foge. Pessoas que desaparecem física e emocionalmente do lugar. Se a fuga é uma reação diante do medo, o que temem essas pessoas, para fugir desse jeito?

Além de ter um problema de autoestima, essas pessoas costumam contar com uma baixa tolerância à frustração. Por isso, quando a situação que se apresenta não é como desejavam ou haviam imaginado que seria, fogem dela. Isso pode acontecer com pessoas que vivem sob suas próprias normas e regras, e ficam apavoradas com tudo que não se encaixe em seu mundo rígido.

Não se atrevem a sentir e digerir a dor quando as coisas não saem como elas desejam. Simplesmente correm, tentando se afastar daquilo que mais temem, distanciando-se, assim, de si mesmas. Não percebem que o medo e a fuga nunca deram felicidade a ninguém.

Por outro lado, não se trata de deixar de sentir, e sim de administrar o que sentimos para viver melhor. Para isso, é importante ter em conta que:

    a.) Nenhum medo é insuperável.
    b.) O medo é sempre mais terrível em nossa cabeça que a própria realidade, quando enfrentamos a situação.

c.) Tendo em vista que o medo somos nós que criamos, também depende de nós dar-lhe ouvidos ou seguir em frente.

POR MAIS LONGE QUE VÁ, VOCÊ SE LEVA A TODO LADO

Há dois séculos, Darwin descobriu que "não são as espécies mais fortes que sobrevivem, e sim aquelas que melhor se adaptam às mudanças". Também a felicidade depende de nossa capacidade de adaptação: quanto melhor nos adaptarmos ao entorno, tentando compreender os outros e perdoando seus defeitos, mais à vontade nos sentiremos.

Muitas pessoas insatisfeitas tentam se convencer de que, como no livro de Milan Kundera, *A Vida Está em Outro Lugar*, e elaboram pensamentos como estes:

1. "O companheiro ideal é aquele que o outro tem, nunca o meu."
2. "Em outro emprego, eu seria mais feliz e ganharia mais."
3. "Vive-se melhor em outros lugares do que neste."

Esse tipo de pensamento manifesta uma fuga da situação que não queremos enfrentar e de nós mesmos. No entanto, para encontrar a felicidade não é necessário ir a lugares distantes, pois nos levamos a todo lado, e conosco vão nossas emoções e pensamentos.

Às vezes, a fuga acontece através do tempo, quando nos refugiamos em um passado que julgamos melhor ou em um futuro de esperanças. Mas não podemos deixar nossa cabeça ou nosso coração em um lugar concreto. É absurdo pensar: "Fui feliz em minha juventude, em Roma, como aquela pessoa que não serei nunca mais". Nossos pensamentos, medos, crenças e sonhos nos acompanham aonde quer que vamos.

Por isso, quase sempre é inútil mudar seu entorno – a cidade onde você mora, seu trabalho, sua família –, mas você pode modificar sua maneira de pensar. Isso lhe permitirá se realizar em qualquer lugar.

Você não pode fugir de si mesmo, aqui e agora, pois você é tudo o que possui.

> **EXERCÍCIO PRÁTICO:**
> **CINCO PASSOS CONTRA O MEDO**
>
> Para aprender a não fugir das situações que o deixam angustiado ou travado, respire fundo e siga estes passos:
>
> 1. Dado que o medo pode fazer você ver as coisas muito pior do que são, identifique seu estado de ânimo e o foco de seu mal-estar. Que pensamento ou emoção o faz sofrer?
> 2. Reconheça o que o assusta. Somente dando nome àquilo que você teme poderá enfrentá-lo.
> 3. Defina para que serve, pois todo medo tem utilidade (por exemplo, evita que façamos coisas que são difíceis para nós). Pergunte-se para que você tem esse medo, qual é sua origem e que o faz mantê-lo.
> 4. Imagine o que de pior pode acontecer se você desafiar esse medo e buscar estratégias para enfrentar esse final catastrófico.
> 5. Agora, enfrente esse medo como um desafio. Se não o fizer, você já sabe como vai viver: como viveu até hoje. Experimentar um jeito diferente de fazer as coisas propiciará novos resultados. Sempre há tempo para voltar ao conhecido.

3

A Incerta Aventura de Viver

"O que negas te subjuga; o que aceitas te transforma."
Carl Gustav Jung

Recentemente, Paula começou a fazer terapia. Ela é uma estudante de 20 anos. Chamou minha atenção quando disse que fazia listas de tudo que precisava fazer utilizando a expressão *tenho de*. Anotava, por exemplo, "livros que tenho de ler este verão, lazer que devo ter esta semana", etc. Eram listas perfeitamente realizáveis e em quase todos os casos relacionadas ao seu tempo livre e lazer. No entanto, quando não as cumpria, ela se sentia mal.

Além do mais, em meio a tanta ordem, ela percebeu que nenhum dos planos que havia estabelecido para sua vida a motivava. Ela não sabia o que fazer com sua vida e somente tentava cumprir o que estava nas listas, mas sem sentir o que fazia, sem desfrutá-lo.

No decorrer de nossas sessões, Paula descobriu que se sentia bloqueada por controlar sua vida mediante listas, visto que era algo que não lhe permitia viver de maneira descontraída. Em seu dia a dia não havia lugar para improvisação, aventura ou para sair dos esquemas. Ela aprendeu a decidir sua própria vida conforme as coisas iam acontecendo, a improvisar sem seguir os padrões autoimpostos. Querer controlar tudo era a base de sua insegurança.

COISAS QUE ACONTECEM

Tomar decisões sobre nossa vida é essencial para sermos felizes, mas há momentos ou situações em que tudo que havíamos planejado vai por água abaixo. Empresas que pareciam sólidas demitem seus funcionários, casais de longo relacionamento se separam, ou o homem com saúde de ferro descobre, de um dia para o outro, que tem uma doença grave. Se não aprendermos a improvisar, a traçar um plano B, poderemos nos sentir bloqueados como a garota que fazia listas. Porque a verdade é que navegamos na incerteza.

Ha uma década, foi celebrado um encontro de intelectuais de todo tipo de disciplinas para pactuar uma verdade que ninguém pudesse discutir. Durante um fim de semana inteiro, eles discutiram muitas máximas, que sempre eram rebatidas por algum dos participantes. Por fim, só conseguiram acordo sobre uma verdade universal: *things happen* ("as coisas acontecem").

Pode parecer uma conclusão imbecil, mas nessas duas palavras palpita a essência da aventura de viver: embora aspiremos à calma e à serenidade, sempre acontecem coisas que nos arrancam de nossa zona de conforto. Como dizia John Lennon em sua reflexão mais conhecida: "A vida é aquilo que vai acontecendo enquanto você se empenha em fazer outros planos".

Deixar de lado o sofrimento e a ansiedade que implica querer controlar tudo nos permite, por fim, viver com plenitude.

> **O viajante e o pastor**
>
> Um viajante atravessava uns campos quando encontrou um pastor com suas ovelhas. Para puxar conversa, o viajante o saudou e perguntou:
>
> – Que tempo acha que vai fazer hoje, meu bom homem?
>
> E o pastor respondeu:
>
> – O tempo que eu quiser.
>
> O outro, logicamente, estranhou a resposta e disse:
>
> – E como tem tanta certeza de que vai fazer o tempo que você quiser?
>
> Sorrindo para o viajante, o pastor respondeu:
>
> – Venha, aproxime-se que lhe conto o segredo. Quando me conscientizei de que nem sempre posso ter o que quero, aprendi uma coisa que sempre me foi muito útil: querer sempre o que tenho! Por isso tenho tanta certeza de que fará o tempo que eu quiser.

A ORAÇÃO DA SERENIDADE

Quando aceitamos que há acontecimentos que não podemos prever nem mudar, abre-se um leque de possibilidades sobre *o que podemos fazer* com aquilo que nos acontece.

Os imprevistos, com frequência, são circunstâncias que não escolhemos, mas que acontecem por alguma razão: para aprendermos uma lição, ou porque o destino nos reserva algo melhor. Como já dizia Viktor Frankl, o que diferencia as pessoas não é o que acontece com elas, e sim a atitude que adotam diante do que lhes coube viver.

Discernir o que depende de nós e o que não podemos mudar é um dos segredos da serenidade. Talvez quem melhor resumiu isso tenha sido o teólogo norte-americano Reinhold Niebuhr, que em 1944 escreveu a seguinte oração:

"Senhor, concede-me a serenidade para aceitar aquilo que não posso mudar, a coragem para mudar o que sou capaz de mudar, e sabedoria para discernir entre as duas."

Por mais planos que tracemos, por mais que queiramos controlar nossa vida, sempre aparecerão circunstâncias inesperadas e teremos de improvisar. Assumir que não podemos controlar tudo nos ajuda a viver a vida de um modo mais descontraído.

Tudo bem escrever a partitura de nossa vida para que toque nossa música favorita, mas temos de aprender a tocar de ouvido quando acontecem coisas e precisamos nos adaptar a elas.

EXERCÍCIO PRÁTICO: PREPARAR O "PLANO A" E O "PLANO B"

Quando um plano não sai como esperávamos ou surge um imprevisto, é bom ter uma alternativa preparada. Este exercício visa a que tenhamos à mão ambas as possibilidades:

1. Aposte em um plano ou objetivo que seja prioritário para você.
2. Pense como vai conquistá-lo, que passos terá de dar para realizá-lo, a quem vai envolver, do que vai precisar... Procure não se esquecer de nenhum detalhe nem deixar pontas soltas.
3. Marque em sua agenda o dia e a hora em que vai executar seu projeto. Será um compromisso de cumprimento obrigatório.
4. Quando já tiver o objetivo e o plano estratégico para atingi-lo, imagine que algo deu errado e que você não poderá realizá-lo tal como havia planejado.
5. Prepare uma alternativa com todas as informações do item 2, que o leve ao objetivo por outro caminho.

4

Más Notícias

"Desejar o melhor, recear o pior e aceitar o que vier."
Eugène Delacroix

Ainda me lembro do dia em que conheci María. Ela estava prostrada em seu leito de hospital, com cara de poucos amigos. Disse-me que não precisava de minha ajuda psicológica e que só queria ir para casa. Haviam acabado de lhe informar que o caroço que tinha na mama era câncer. Respeitando seus desejos, saí do quarto e lhe pedi licença para passar um pouco mais tarde, antes que ela recebesse alta.

Quando, depois de algumas horas, passei novamente por seu quarto, ela me disse que estava muito irritada, e desabou a chorar. Embora suspeitasse o que poderia ser desde que descobrira o caroço, ela não estava preparada para ter um câncer. Havia projetado a vida do seu jeito: aos 38 anos morava sozinha em uma casa maravilhosa, adorava seu trabalho e curtia seu tempo livre como nunca havia feito. Esse diagnóstico jogava por terra tudo o que ela havia construído até esse momento.

Tivemos várias sessões, nas quais a ajudei a integrar a doença em sua vida. Não se tratava, como María acreditava, de abrir um parêntese durante o processo da doença para depois retomar tudo de onde houvesse parado. Tratava-se de aceitar as situações não esperadas que aparecem na vida e vivê-las com plenitude.

O CAMINHO DA ACEITAÇÃO

Todos já demos alguma má notícia e recebemos mais de uma. São coisas que não gostamos de saber, mas que é necessário conhecer para aceitar a realidade, digeri-la e, depois, poder seguir em frente.

As más notícias quase sempre são inesperadas, provocam dor e mudanças na pessoa que as recebe e/ou em seu entorno.

Certas más notícias causam alterações drásticas em nosso dia a dia, como ser abandonados pelo parceiro, receber o diagnóstico de uma doença ou perder o emprego. O impacto emocional de uma notícia assim pode ofuscar nossa visão da vida e nos fazer pensar que nada faz sentido.

Essa é uma reação perfeitamente normal, pois a tristeza, a negação ou a ira são estados necessários no processo de aceitação de uma má notícia.

> **Cinco passos para a aceitação**
>
> A psiquiatra suíço-norte-americana Elisabeth Kübler-Ross estabeleceu cinco fases que uma pessoa atravessa no processo de luto. Posteriormente, aplicou essas cinco fases a qualquer acontecimento vital doloroso que atravessemos. As cinco fases são:
>
> 1. Negação: "Isso não pode estar acontecendo comigo".
> 2. Ira: "Por que comigo? Isso não é justo!".
> 3. Negociação: "Eu daria qualquer coisa para não estar passando por isso".
> 4. Tristeza: "Nada mais tem sentido...".
> 5. Aceitação: "Vou viver isso da melhor maneira possível. Isso também faz parte de minha vida".

> O desenvolvimento habitual do processo é assim como foi descrito, mas não necessariamente todas as pessoas atravessam cada uma dessas fases, tampouco nessa ordem. Também pode acontecer de repetir etapas ou de avançar e retroceder constantemente até chegar à aceitação. Essa é a etapa final, que dá calma, paz e sossego à pessoa.

Para viver esse processo de aceitação e adaptação, também é importante ativar o hemisfério direito de nosso cérebro, posto que nele encontramos as regiões cerebrais responsáveis pela imaginação, a criatividade, as recordações e os novos planos que vamos realizar.

Para desenvolver esse hemisfério, sobretudo para os pacientes que tendem a ruminar as coisas e a não se conectar com suas emoções, proponho o seguinte exercício: quando estiverem falando e ficarem pensativos ou ruminando alguma coisa, olhem para o lado esquerdo. Mas não mexam a cabeça, simplesmente os olhos. Para a maioria das pessoas, o controle do corpo é cruzado em relação aos hemisférios cerebrais. Assim, ao olhar para o lado esquerdo, ativa-se automaticamente o hemisfério direito, e eles se conectam melhor com suas emoções e encontram um equilíbrio entre o que pensam e o que sentem.

Para chegar à fase de aceitação, é necessário que sejamos sujeitos proativos, ou seja, que façamos coisas para conseguir o que queremos. Muitas vezes, ouço no consultório frases como "O tempo cura tudo", ou "Somente preciso de tempo para me acostumar com a ideia"; mas o tempo não é mais que um meio, um caminho no qual aplicar todas as estratégias para a mudança.

TRANSITAR A DOR

Ao longo da vida vamos ter de lidar, a cada certo tempo, com amizades que nos decepcionam, rupturas afetivas, perda de entes queridos... São processos que irremediavelmente experimentaremos e que nos obrigarão a lidar com a dor, o que é uma habilidade vital.

Uma das reações mais habituais diante da dor é evitá-la. Muitas pessoas creem que se a ignorarem, se fingirem que não está ali, ela acabará morrendo. Mas a verdade é que a dor raramente some sozinha. Ela fica letárgica em algum lugar da mente para depois reaparecer, com outra aparência, quando algum desencadeante a reativar. Pode aparecer também em forma de somatização, por meio de uma doença ou um padecimento para o qual não encontramos explicação.

Encarar a dor evitará que ela se transforme em um sofrimento crônico. Pode nos servir de consolo saber que a dor tem uma duração determinada; depois, ela se transforma em outra coisa, basicamente em experiência e sabedoria.

Cedo ou tarde a dor evolui. Por isso, as más notícias vêm acompanhadas de diferentes fases emocionais. Sua função não é outra que nos ajudar a chegar, passo a passo, à aceitação, para nos adaptarmos o quanto antes ao novo cenário, e assim, tomar as decisões oportunas com calma e sensatez.

> EXERCÍCIO PRÁTICO: A ROSA E O ESPINHO
>
> 1. Todos os dias, antes de dormir, pergunte-se quais foram as más e as boas notícia do dia.
> 2. Quando reconhecer aquilo que o desagradou, o espinho, avalie como foi sua reação. Foi proporcional ao problema, ou você exagerou? Ajudou a resolver a situação? Você tomou alguma decisão? Alguém a tomou por você? Em resumo, pense se você foi parte ativa da solução do problema.
> 3. A seguir, antes de dormir rememore a sensação, vivência ou notícia que o deixou feliz nesse dia: a rosa. Fique com essa imagem ou cena quando fechar os olhos, e que o sono o leve até um novo dia.

5

Tropeçar na Mesma Pedra

> "A definição de insanidade é fazer a mesma coisa repetidamente e esperar resultados diferentes."
> *Albert Einstein*

Há alguns meses, esteve em meu consultório Jaime, um homem de 30 anos, muito desanimado desde que seu último companheiro o deixara. Ele me explicou que, como em todos os seus relacionamentos anteriores, havia se dedicado muito para que desse certo, mas que, assim como acontecera nos outros, acabara sendo abandonado.

Quando lhe perguntei que tipo de pessoa era seu último companheiro, ele me disse que era um rapaz simpático, social e divertido, mas sem vontade de se comprometer. Tudo ia bem até que Jaime lhe pedira para dar um passo além na relação; foi quando ele o deixou.

Nesse ponto do relato, ele se levantou e exclamou:

– Por que todos me abandonam quando digo que quero mais compromisso?

Começamos a falar sobre seus relacionamentos anteriores e, de fato, sempre haviam acabado nesse ponto. O passo seguinte foi analisar que tipo de relacionamentos ele tivera e como haviam surgido.

Curiosamente, em todos ele havia sido escolhido. Ou seja, aparecia um rapaz que se sentia atraído por Jaime, e ele simplesmente se deixava amar. No entanto, com o tempo, Jaime se apaixonava e decidia que desejava algo mais; mas então, o outro fugia.

Depois de uma conversa terapêutica, ele percebeu que talvez o erro tivesse sido não se permitir escolher o companheiro de que necessitava. Seu caráter passivo fazia que ele se conformasse em esperar que alguém se sentisse atraído por ele.

A chave para, em um futuro próximo, conseguir um relacionamento afetivo saudável era não tropeçar de novo na mesma pedra. E, para isso, foi necessário descobrir que padrão ele estava repetindo o tempo todo e que o levava ao fracasso.

No caso desse paciente, ele precisava da liberdade de decidir que tipo de companheiro queria, e lutar por isso, em vez de aceitar como um mendigo o amor que chegasse à sua vida e depois partisse.

POR QUE É TÃO DIFÍCIL APRENDER A LIÇÃO

Dizem que o ser humano é o único animal que tropeça duas vezes na mesma pedra; ou três, ou quatro, ou cinco. E isso acontece independentemente da inteligência, das experiências vividas, da idade ou do nível sociocultural da pessoa.

Quando cometemos o mesmo erro, experimentamos emoções de tristeza e frustração já vividas anteriormente. Então, decidimos que da próxima vez agiremos de maneira diferente, que não será igual às anteriores. Mas, muitas vezes, esse discurso que fazemos para nós mesmos, essa aprendizagem, dura pouco. Surge uma situação similar e agimos de novo do mesmo jeito.

O que acontece?

Não se trata de um problema de raciocínio nem de falta de memória. A questão é que não levamos em conta os sentimentos na hora de aprender a lição. E as emoções têm um papel fundamental em nossa aprendizagem.

Em meus cursos de inteligência emocional, costumo explicar isso com uma metáfora. Imaginemos que nossas emoções estão na mão esquerda e nossa razão na direita; estendemos os braços e nos transformamos em uma balança. Se as emoções, situadas em nossa mão esquerda, estão elevadas, a razão desce. E o mesmo acontece inversamente: se na hora de aprender alguma coisa levamos em conta só a parte racional, a parte emocional cairá.

Precisamos de um equilíbrio entre as emoções e a razão para fazer um bom uso da informação aprendida.

Um claro exemplo são as provas ou entrevistas de emprego. Quanto mais nervosos estamos, mais esquecemos tudo que havíamos estudado ou as diretrizes para uma entrevista de sucesso. O nervosismo e o medo de ir mal ou de não conseguir o emprego nos traem e toda a aprendizagem desaparece de uma vez.

Para não tropeçar na mesma pedra, é necessário buscar o equilíbrio da balança até chegar a um ponto em que os dois lados estejam no mesmo nível. Isso implica conhecer racionalmente os motivos pelos quais fracassamos e, ao mesmo tempo, prestar atenção em como nos sentimos e que emoções – apego, dependência, medo, baixa autoestima... – nos levaram a repetir esse padrão que não nos leva a lugar nenhum.

A vida é como aprender a nadar

"Qual é a primeira coisa que você faz quando aprende a nadar? Comete erros, não é? E o que mais? Você comete outros erros e quando já cometeu todos os erros que possivelmente poderia cometer sem se afogar – e alguns deles muitas vezes –, de repente descobre que sabe nadar. Portanto, não tenha medo de errar. Não há outro jeito de aprender a viver!"

Alfred Adler

EXERCÍCIO PRÁTICO: ASSUMIR A RESPONSABILIDADE POR NOSSOS ERROS

Um dos fatores que fazem com que uma vez ou outra repitamos os mesmos erros é que não nos responsabilizamos por eles. Ao atribuir a culpa aos outros (o companheiro, os colegas de trabalho, a família), ficamos no mesmo ponto e não evoluímos para fazer as coisas de modo diferente.

Este exercício ajuda a assumir o comando de nossa vida e, por fim, tirar de nosso caminho a pedra na qual tropeçamos:

1. Exercitando sua memória, procure uma circunstância desagradável de seu passado que você não quer que se repita.
2. Independente de como os outros agiram, pense no que você poderia ter feito de modo diferente para obter um resultado mais favorável.
3. A seguir, analise sua vida atual e pergunte-se se você está se deixando arrastar por alguma situação parecida com aquela que quer evitar.
4. Em caso afirmativo, decida que mudanças vai realizar em sua atitude agora mesmo para evitar repetir erros.

6

Assuntos Inconclusos

"Só aceitando o passado poderemos alterar seu efeito."

T. S. Eliot

Há não muito tempo tratei Teresa, uma mulher de 36 anos que aos 15 havia sofrido abuso sexual por parte de seu pai. Ela nunca havia falado sobre o assunto com ninguém, nem mesmo com ele, antes que falecesse.

Seus relacionamentos com os homens eram horrorosos: ela não confiava neles, pois acreditava que a machucariam. Além do mais, relacionava-se com um tipo de pessoa que não lhe fazia bem: homens que mandavam nela, que abusavam dela psicologicamente e a faziam se sentir pequena.

Isso acontecia porque, sem saber, Teresa buscava um perfil psicológico parecido com o de seu pai, pois era o que ela havia aprendido, e acreditava que isso era amor.

Nossa terapia consistiu em que expressasse tudo o que ela gostaria de dizer a seu pai. Embora ele já a não pudesse ouvir, o fato de verbalizar a dor e o sofrimento vividos fez que ela fechasse essa ferida aberta.

Por outro lado, ela desaprendeu a ideia que tinha até então do que era o amor. Aprendeu que o amor dá asas, não amarra, e que o respeito e o cuidado ao outro são elementos básicos para que um relacionamento não seja tóxico.

DEIXAR O PASSADO PARA TRÁS

Às vezes, o que nos impede de avançar na vida, de curtir o presente, é que nos sentimos presos em algum episódio do passado e não conseguimos sair dele.

Acontece o mesmo quando lemos um romance: para terminá-lo, temos de ler um capítulo atrás do outro para ver como a trama avança. Se nos limitarmos a ler e reler um mesmo capítulo, nunca saberemos como concluir a história. Será um livro sempre sem terminar, e não teremos a oportunidade de começar outros.

Em psicologia, são chamados de assuntos inconclusos esses capítulos de nossa vida que, por algum motivo, ficaram abertos e têm uma carga emocional significativa, pois se interpõem entre nós e nossa felicidade.

Falamos de assuntos inconclusos, por exemplo, quando uma pessoa próxima falece repentinamente sem que pudéssemos nos despedir dela. Poderia ser um assunto inconcluso, também, uma história afetiva que não acaba como gostaríamos, e deixa em nós um poço de ressentimento e dor.

Os motivos pelos quais arrastamos contas pendentes ao longo da vida podem se resumir em dois:

1. Não expressamos tudo aquilo que desejávamos em dado momento.
2. A situação continua nos provocando um sentimento doloroso que não soubemos administrar ao longo do tempo.

Princípios da terapia Gestalt

Uma das terapias mais bem orientadas à superação do passado é a Gestalt, que, diferentemente de outras correntes psicológicas, não busca se aprofundar na psique mais arraigada do paciente, e sim trazê-la ao presente e atuar no aqui e agora.

Os princípios básicos dessa terapia são:

- *Situar-se no momento presente.* O importante é o aqui e o agora, e devemos evitar a tendência a analisar a situação atual por meio das experiências e da bagagem do passado.
- *Desenvolver a autoconsciência.* A pessoa deve ser capaz de sondar a si mesma. É importante que desenvolva a capacidade de se manter alerta em relação a seus próprios pensamentos e sentimentos, e às situações que os desencadeiam.
- *Aprofundar-se no inconsciente.* A cura está em nossa capacidade de nos aprofundar em nossas emoções e pensamentos, incluindo aqueles que nos são desagradáveis. O importante é chegar à verdadeira raiz do problema.
- *Aceitar a responsabilidade.* Devemos aceitar que aquilo que acontece depende de nós mesmos e da maneira como cada pessoa enfrenta as diversas situações da vida.
- *Buscar soluções.* Uma vez achada a causa dos problemas ou as emoções ruins, a segunda fase é buscar as possíveis soluções e aplicar a que nos pareça mais apropriada.

A terapia Gestalt busca a evolução para conseguir a melhora pessoal em todos os aspectos. Normalmente, isso passa pela mudança das crenças que temos desde pequenos. Essa mudança pode causar medo, mas, uma vez dado o passo, a libertação é total para o indivíduo.

Para seguir em frente, é necessário finalizar as histórias que não nos deixam viver plenamente o presente. Não é questão de esquecer as experiências nem de fingir que não aconteceram, e sim de tomar consciência do que vivemos, do que sentimos, e assumir que isso já faz parte do passado.

Só assim poderemos ter espaço na mente e na alma para incorporar em nossa história de vida um presente no qual caibam todas as possibilidades.

> **EXERCÍCIO PRÁTICO: ENCERRAR O PASSADO**
>
> Dentre todos os assuntos inconclusos em sua vida, escolha aquele que você acha que ocupa mais espaço mental e siga estes passos:
>
> 1. Analise se isso acontece porque você não pôde fazer algo no passado e ficou na vontade; ou se não administrou o que aconteceu de maneira saudável.
> 2. Se a questão é algo que você não fez ou disse na ocasião, procure um jeito de fazer ou dizer. No segundo caso, não necessariamente devemos falar cara a cara com essa pessoa. O efeito em nós é o mesmo se escrevermos uma carta, mesmo que não a enviemos. Se o assunto inconcluso for com uma pessoa que já faleceu, escreva uma carta ou visite seu túmulo para lhe dizer o que sente e pensa; será muito libertador também.
> 3. Caso se trate de um sentimento que você não administrou direito, detecte os pensamentos que estão alimentando esse sentimento e mude essas crenças, para, assim, poder transformá-lo.

7

Intuição

"Não deixe que o ruído das opiniões alheias silencie sua voz interior. E, o mais importante, tenha a coragem de seguir seu coração e sua intuição. Eles, de algum modo, já sabem no que você quer de fato se transformar."

Daniel Goleman

Um dos casos mais curiosos de que me lembro foi o de Guillermo, um paciente de 41 anos que afirmava que não tinha intuição. Ele era incapaz de imaginar o que ia acontecer e não sabia interpretar os sinais da comunicação não verbal. Isso lhe causava muitos problemas nas relações sociais, porque vivia se equivocando no trato com as pessoas.

Por carecer de intuição, o que ele fazia era analisar constantemente os comportamentos de seu entorno, de maneira racional. Isso fazia que as pessoas se afastassem, devido à rigidez de seu tratamento.

Nossa terapia consistiu em ajudá-lo a manter relacionamentos sociais de maneira mais descontraída. Como ele pertencia a um clube de aficionados a trens, sugeri que participasse das reuniões. Na primeira ele não conseguiu falar com ninguém, mas, na segunda, começou a conversar e a formar um pequeno círculo de amigos. Poucos meses depois, inclusive conheceu uma garota.

A partir do momento em que ele abandonou a racionalidade excessiva para conseguir fluir com os outros, deixando-se levar pela improvisação, sua vida mudou de forma radical.

INTUO, LOGO ACERTO

Temos tanto afã de programar, de controlar tudo, que não prestamos atenção suficiente na intuição, essa resposta que vem das profundezas de nós mesmos e que, às vezes, não segue um raciocínio lógico.

Simplesmente sabemos. Sentimos.

Tudo bem pensar racionalmente antes de tomar uma decisão, elaborar listas de prós e contras; mas não deveríamos renunciar à intuição, aos palpites – "não sei por quê, mas acho que assim vai ser melhor".

A intuição é informação que temos armazenada em algum lugar do cérebro, fruto do acúmulo de experiências e conhecimentos adquiridos com o passar dos anos. Diferentemente do pensamento racional, a intuição está intimamente relacionada com as emoções, é um conhecimento que brota das profundezas de nós mesmos. E assim podemos afirmar que as decisões são tomadas a partir de sentimentos acumulados.

Estudos recentes mostram que os centros emocionais do cérebro e os nervos ao redor do estômago vêm evoluindo há mais tempo que a linguagem ou a razão. Por isso, quando hesitamos diante de alternativas diferentes, de nossa parte mais evoluída, a intuição nos diz qual é a resposta certa.

A razão é muito útil, mas nem sempre tem resposta para todas as nossas perguntas. Ao incorporar a intuição, contaremos também com o conhecimento armazenado das vivências e experiências.

> **Uma fonte de conhecimento interior**
>
> A palavra intuição deriva de um termo latino que significa "conhecimento interior", e tem justamente a ver com isto: com a capacidade de gerar respostas na própria mente sem ajuda de elementos externos.
>
> A intuição se distingue por duas características:
>
> - É fácil. Dá a impressão de que chegar a conclusões mediante a intuição não exige esforço.
> - É rápida. Ocorre de maneira aparentemente instantânea, pois chega quase antes de gerarmos o pensamento associado consciente.

UM PROCESSO MATEMÁTICO

Assim como acontece com a memória, acredita-se que a intuição é o resultado de vários processos simultâneos e rápidos que envolvem várias áreas do cérebro. Muitos cientistas concordam que a intuição deriva, em grande parte, do conhecimento matemático, assim como da gestão das experiências passadas e dos conhecimentos adquiridos ao longo da vida.

Ou seja, o que a intuição faz é utilizar a informação alojada no cérebro para arriscar um desenlace provável para as situações que surgem.

Por exemplo, uma pessoa pode decidir que, embora faça sol, é melhor levar um guarda-chuva. Ela não sabe por quê, mas intui que pode chover mais tarde. Acontece que chove de verdade mais tarde, de modo que essa intuição foi correta. Como isso pode acontecer?

Segundo os especialistas, é provável que essa pessoa tenha associado alguns elementos externos (a qualidade da luz, a força do vento, o cheiro, a umidade, etc.), ou até internos (como dores que pioram com o mau tempo) com a chuva, pelo fato de já os haver observado inconscientemente várias vezes antes. Todos esses *inputs* que atravessam o cérebro fazem que se gere esse pensamento intuitivo que logo prevalece sobre os outros.

Claro, a intuição também pode falhar. Não podemos esquecer que se baseia na experiência e na probabilidade, e que, como tais, pode ser equivocada. O aconselhável, portanto, é tratá-la como hipótese: pensar que pode estar certa, mas sem confiar nela cegamente, sem mais análise.

> EXERCÍCIO PRÁTICO: ATIVAR A INTUIÇÃO
>
> 1. Pense em um semáforo de pedestres e estabeleça que o verde será para as respostas sim e o vermelho para não. Mentalmente, de olhos fechados, comece a se fazer perguntas simples para essas respostas. Em meu caso seria: meu nome é Nika? Sou psicóloga? Gosto de morango? Sem pensar na resposta, visualize o semáforo verde ou vermelho em função da resposta – afirmativa ou negativa.
>
> 2. Durante os primeiros dias, repita essa prática com perguntas cuja resposta você saiba sem hesitar.
>
> 3. Quando a dinâmica estiver bem estabelecida em seu cérebro, a intuição estará preparada para responder a perguntas mais complexas ou àquelas das quais você não sabe a resposta. Você vai notar que, ao tentar responder, aparecerá a luz verde ou a luz vermelha sem que seja necessário pensar na resposta. Simplesmente surgirá.

8

Um Dia Essa Dor lhe Será Útil

> "De certo modo, o sofrimento deixa de ser sofrimento no instante em que se encontra um sentido."
>
> *Viktor Frankl*

– Éramos um casal perfeito – explicava-me Elena no consultório. – Nossos amigos diziam que tinham inveja de nós pelo relacionamento que tínhamos, que éramos feitos um para o outro. E acabei de descobrir que ele me traiu. Ele sequer teve a coragem de me contar!

– Imagino como você deve se sentir, Elena... – disse eu. – Mas, sabe de uma coisa? Foi muito bom isso que você acaba de passar, e um dia você vai se lembrar desse momento e vai rir ao recordar minhas palavras.

Ela me olhou com estranheza, pois não estava entendendo o que eu lhe dizia.

Durante as sessões que se seguiram àquela primeira, fomos trabalhando a ilusão e, especialmente, a gestão da desilusão. Também analisamos como fazemos planos de vida, com aquilo que em certo momento sabemos ou sentimos, e como isso pode mudar com o passar do tempo.

Elena aprendeu a administrar a dor, a tristeza, não só pela ruptura do relacionamento, mas também pelo papel que ela havia perdido, pelos planos de futuros, as amizades conjuntas, os hábitos e as rotinas de casal que não existiriam mais.

Trabalhamos também com a sensação que ela tinha de que tudo que havia vivido no passado era irreal, uma fantasia de sua cabeça, uma mentira. Não podemos saber o que a outra pessoa sente ou pensa, mas podemos avaliar o que nós mesmos vivemos e sentimos. E Elena teve de reconhecer que aquilo que havia vivido e sentido era real.

Trabalhar com essa realidade, sua realidade, permitiu a Elena criar de novo um futuro cheio de expectativas. Hoje, será mãe de seu segundo filho com um novo companheiro, e recordamos, rindo, como ela ficara impressionada com meu comentário naquela primeira sessão.

O PODER DA RESILIÊNCIA

Hoje em dia, no campo da psicologia existe a tendência a interpretar os acontecimentos de um modo positivo, otimista. Às vezes se fala, inclusive, de não dar atenção aos fatos dolorosos que acontecem conosco e focar a atenção em tudo de positivo que temos. Dessa maneira, tenta-se não ter sentimentos desagradáveis e também evitar o sofrimento, a frustração ou a tristeza.

Mas esse pensamento deixa de fora uma parte muito importante da realidade. Precisamos aprender a viver com o mal-estar que certas situações provocam e saber lidar com ele. Mesmo que nem sempre resolvamos o conflito, podemos decidir de que modo nos afetará, como o viveremos e aprenderemos com ele.

Como dizia Buda, "a dor é inevitável, mas o sofrimento é opcional".

Nos anos 1970, o psiquiatra Michael Rutter cunhou o termo *resiliência* – a capacidade do ser humano de enfrentar as adversidades da vida, superá-las e sair transformado de um processo de crescimento pessoal.

Mas a resiliência não se constrói sozinha. Trata-se de um exercício diário a praticar, desenvolvendo vínculos afetivos significativos ao longo da vida. Quanto mais vínculos tivermos, mais significativa será nossa vida, e reforçaremos nossos desejos de ir em frente e seguir desfrutando nossa existência.

Para Boris Cyrulnik, autor do famoso livro *Os Patinhos Feios*, trata-se de tricotar a resiliência, de "tecer laços afetivos que deem sentido à nossa existência".

> **Logoterapia para encontrar o sentido**
>
> A logoterapia foi concebida pelo psiquiatra Viktor Frankl após sua estadia em um campo de concentração nazista. Esse autor afirmava que havia sobrevivido àquela etapa tão sombria graças ao fato de haver encontrado um sentido para sua vida. Entre outras coisas, ele queria reencontrar sua mulher. E, embora isso não tenha acontecido, pois ela já havia falecido nas mãos dos nazistas, era uma ideia recorrente que lhe deu forças para seguir em frente.
>
> Quando ele recuperou sua liberdade, tratou muitas pessoas com sua terapia da busca de sentido. Mais de uma vez ele iniciava suas sessões perguntando aos pacientes por que não se suicidavam. Por mais mal que estivessem, os pacientes sempre encontravam motivos para não se matar: suas famílias, maridos ou esposas, a necessidade de deixar algo de bom para o mundo antes de partir... Ou seja, encontravam um sentido para sua vida.

Para Frankl, uma das principais causas da infelicidade do ser humano é a sensação de vazio interior. Muitas pessoas não têm nenhum motivo para se levantar da cama de manhã, e isto é o que busca a logoterapia: encontrar a missão de cada um.

As chaves desse enfoque terapêutico são:

1. Aceitar que existe um vazio interior ou uma frustração vital.

2. Reconhecer as coisas que lhe provocam entusiasmo pela vida.

3. Encontrar aquilo que dará sentido à sua existência.

4. Aceitar esse novo destino como ponto de partida para uma experiência diferente.

Com esse novo estímulo, poderemos enfrentar todas as circunstâncias.

EXERCÍCIO PRÁTICO: SOU, TENHO, ESTOU E POSSO

Essa dinâmica serve para tomar consciência das situações dolorosas que vivemos e do que aprendemos com elas.

1. Faça uma lista das situações que lhe causaram mais sofrimento; podem ser acontecimentos do passado ou que você esteja vivendo neste momento.

2. Em outra folha de papel, trace quatro colunas, e na parte superior de cada uma escreva uma frase encabeçada por *Sou, Tenho, Estou* e *Posso*. Um exemplo seria:

- "Sou uma pessoa capaz de superar adversidades."
- "Tenho gente ao meu redor que me apoia e confia em mim, mesmo que às vezes eu custe a perceber."
- "Estou disposto a seguir em frente e lutar para ser feliz."
- "Posso aprender com o que vivi."

3. Recorra a essas quatro afirmações sempre que se encontrar diante de adversidades.

9

Podemos Escolher Nossas Recordações?

"Como quer que a esqueça se, quando começo a esquecê-la, esqueço de esquecê-la e começo a recordá-la?"
Woody Allen

Quando Sara entrou pela primeira vez em meu consultório e me disse: "Vim para que você me ajude a esquecer esses últimos dez anos de minha vida", fiquei realmente impressionada. Imaginei que coisas horríveis teriam acontecido com ela para sentir a necessidade de apagar essa parte de sua vida.

A verdade é que sua vida não havia sido fácil. Sofrera *bullying* na escola; anos depois, na faculdade, havia feito estágio em várias empresas, mas nunca fora contratada, e seus dois últimos namorados a haviam deixado. Diante disso, era compreensível que quisesse esquecer esse período de sua vida.

Para sua surpresa, a terapia consistiu no contrário: não esquecer o que havia acontecido e buscar sua parte de responsabilidade em cada uma daquelas situações, o que faria que no futuro não acontecesse tudo de novo.

Por outro lado, revisamos a seleção de recordações que ela havia feito. Desses dez anos de vida, ela só escolhia os acontecimentos dolorosos que a faziam se sentir mal. Mas sua vida não havia sido só isso: ela viajara bastante com amigos, aprendera de quais aspectos de seu trabalho gostava e de quais não, e contava com uma família que a apoiava em tudo e lhe demonstrava muito carinho.

Mais além da dor, havia um horizonte de felicidade que poderia tornar a guiá-la.

DESEJOS DE ESQUECER

Quando acontece algo inesperado e desagradável, primeiro desejamos que nunca houvesse acontecido. A seguir, uma vez superado o choque, queremos esquecer o que aconteceu e seguir em frente como se nada existisse.

No entanto, somos o que somos no presente em função do passado que tivemos.

Um velho provérbio havaiano diz: "Tudo é bom, mesmo que pareça ruim". Significa que aquilo que acontece conosco acaba tendo um sentido e nos permite evoluir como seres humanos, tornarmo-nos melhores e adquirir um olhar mais profundo sobre a vida.

Tudo que experimentamos nos modela como somos. Tentar eliminar de nossa memória aquilo que não é prazeroso equivale a suprimir uma parte de nós mesmos.

> **Brilho Eterno de uma Mente Sem Lembranças**
>
> O filme *Eternal Sunshine of the Spotless Mind*, dirigido por Michel Gondry, cujo título foi traduzido para o português como *Brilho Eterno de uma Mente Sem Lembranças*, fala da história de Joel (Jim Carrey), que decide se submeter a um tratamento inovador que apaga recordações da mente.

> Ao descobrir que sua namorada Clementine (Kate Winslet) havia decidido apagar de sua memória todas as recordações do tormentoso relacionamento deles, Joel procura os mesmos profissionais para que o ajudem a apagar todas as lembranças que ele tem dela. Porém, à medida que vão desaparecendo de sua mente os momentos, as situações e até mesmo os sentimentos de seu relacionamento com Clementine, Joel se dá conta do quanto a ama e como ela é importante em sua vida, e tenta deter o processo de apagar as recordações.
>
> Esse é um filme muito recomendável para qualquer pessoa que tenha vivido uma ruptura ou que queira compreender a dimensão mais sublime e difícil do amor.

Essa tendência a apagar o passado pode se dever a vários fatores:

1. Ao sentimento de que não agimos como realmente gostaríamos.
2. Ao fato de acharmos injusto o que aconteceu conosco no passado, o que desencadeia sofrimento e rancor.

Para poder fechar as portas do passado, antes devemos resolver as emoções provocadas pelo episódio doloroso. Somente quando integrarmos o que nos aconteceu, aprendendo as lições de vida, deixaremos para trás as emoções e pensamentos daninhos e veremos o acontecido com perspectiva e com calma.

Nesse ponto, a experiência se transforma em algo útil para podermos continuar com nossa busca da felicidade.

Não devemos esquecer sem antes aprender com o que vivemos. A falta de memória não nos faz mais felizes; o que nos faz feliz é subir mais um degrau na arte de viver, sem cargas nem assuntos inconclusos.

Podemos resumir este tópico importante em três pontos:

1. Tentar esquecer o que nos dói do passado é negar uma parte de nossa própria existência.

2. Para ser feliz não é preciso ter memória ruim, e sim extrair uma aprendizagem daquilo que nos acontece, para podermos aplicá-la a situações futuras.

3. Somente conseguimos esquecer quando não tentamos esquecer.

O PASSADO COMO RESERVA DE FELICIDADE

Olhar para trás também pode ser um exercício bastante prazeroso. Algumas vivências do passado nos provocam recordações, sentimentos e reações agradáveis, como quando reencontramos nossos amigos de infância e relembramos os momentos de brincadeiras e risadas.

Como dizia Eduardo Galeano, somos feitos de histórias, e o passado não é mais que uma história que contamos a nós mesmos repetidamente.

Ver fotografias antigas, trazer para o presente circunstâncias ou pessoas de nossa história pessoal faz que nos conectemos com o que somos, com quem fomos em algum momento.

Ao longo do tempo, armazenamos em nossa memória eventos e vivências, e aqueles que nos provocaram emoções mais intensas são os que permanecem mais conosco.

O problema vem quando, das recordações que acumulamos, as que trazemos à mente consciente com mais assiduidade são as que nos provocam mal-estar. Isso faz que nos sintamos mal, que sejamos pessimistas e observemos a vida com medo de que aquilo que tememos torne a acontecer.

Para fazer que as recordações boas predominem sobre as ruins, podemos tomar estas medidas:

1. Analisar as crenças que nos trazem à mente as recordações dolorosas e ver de que modo as retroalimentamos com ideias falsas.

2. Aprender a perdoar intimamente a quem nos machucou, ou a nós mesmos, se formos os principais responsáveis.

3. Substituir uma má recordação por uma boa que esteja relacionada com ela.

4. Observar essa recordação de um ponto de vista diferente, pondo-se na pele de outra pessoa. Assim, mudaremos os sentimentos que esses fatos do passado nos provocam.

Saber que vivemos momentos de felicidade nos ajuda a atravessar o deserto dos maus momentos.

> **EXERCÍCIO PRÁTICO: CRIAR AS RECORDAÇÕES DO FUTURO**
>
> Com frequência, falamos do passado como se nunca houvesse sido presente. Este exercício não pretende mudar o passado, coisa que é impossível, e sim criar futuras recordações felizes.
>
> 1. Em uma caderneta própria para isso, escreva no fim de cada dia as coisas positivas, divertidas ou interessantes que ocorreram.
>
> 2. Anote debaixo de cada acontecimento as emoções positivas que sentiu.

3. Dê uma pontuação (por exemplo, em estrelas) a cada fato em função do memorável que merece ser.

4. Uma vez por semana e uma vez por mês faça um *ranking* dos "grandes êxitos" desse período.

Tomar consciência das pequenas grandes coisas do dia a dia vai ajudá-lo a aproveitá-las mais, a repetir essas sensações e construir memórias felizes para o futuro.

10

Anestesia Cerebral

> "Atreva-se a pensar!"
> *Immanuel Kant*

Durante um tempo tratei David, um garçom de 31 anos que passava a vida hesitando sobre suas decisões. Haviam lhe oferecido trabalho em um bar maior, e ele não sabia se aceitava ou não; também não se decidia a comprar uma boa bicicleta de montanha, já que nos dias livres ele fazia trilha com seus amigos.

Estava paralisado porque hesitava sem parar. Analisava todos os prós e contras de cada decisão que devia tomar. Pelo fato de não ser uma pessoa ativa, era extenuante para ele passar o dia todo pensando sem chegar a nenhuma conclusão.

Trabalhamos com um exercício muito simples e efetivo – detalhado passo a passo no final deste capítulo – que consistia em ele se fazer esta pergunta: "Como me vejo daqui a cinco anos?".

Ele me contou, então, que se via trabalhando naquilo para o que havia estudado, Farmácia, casado e com filhos. Por meio da terapia ele entendeu que, se continuasse ruminando, não conquistaria nada do que queria. E ele se exercitou na tomada de decisões.

Tendo claro aonde se quer chegar, é simples saber que passos dar na vida. Basta recordar três coisas:

1. Nada é seguro.
2. Nada é para sempre.
3. Nada é tão importante.

RUMINAR NÃO É PENSAR DE FORMA EFICAZ

Está muito difundida a ideia irracional de que, quanto menos pensarmos no que acontece, mais felizes seremos. "Não pense nisso", costumamos escutar, ou "Não pense mais nisso".

A essa altura, é necessário estabelecer a diferença entre pensar e ruminar, ou ficar remoendo as coisas. Ruminar é nos entregarmos às preocupações sem chegar à solução do conflito, ao passo que pensar nos move a encontrar soluções para eliminar o sofrimento e resolver os problemas.

Nunca fui fã da ideia de que a ignorância nos dá felicidade. Pode ser relaxante acreditar que temos poucas opções, ou até mesmo nenhuma alternativa. Deixamo-nos arrastar pelo curso das coisas, e se for preciso tomar alguma decisão radical, os outros que o façam por nós. Viver assim é se entregar à anestesia emocional e dar férias à nossa inteligência.

Algo muito diferente é nos afastarmos do conflito depois de passarmos um tempo submetidos a um grande estresse, pois essa solução tem uma função muito útil ao ser humano. Trata-se de tomar distância, deixar de sentir e de pensar por um tempo, para nos afastarmos emocionalmente da situação. Uma vez recuperados, poderemos tomar novas decisões e retomar a marcha.

Esse tipo de pausa nos afasta da voragem emocional e pensativa, quando às vezes um assunto nos embarga, para depois voltar com ideias e energia renovadas.

Sinto muito, me perdoe, amo você e sou grato

Com frequência buscamos exteriormente os culpados daquilo que nos acontece. É mais fácil, já que nos poupa de pensar em nossas próprias responsabilidades. Os culpados são sempre outras pessoas, ou o passado, as circunstâncias ou o azar. No entanto, no fim, somos donos do modo como reagimos e como enfrentamos aquilo que a vida nos reserva.

A sabedoria ancestral havaiana tem uma filosofia própria que gira em torno da capacidade e do dever de reconhecer os próprios erros para poder continuar desfrutando uma existência feliz.

O *ho'oponopono* é uma ferramenta que todo havaiano conhece; consiste em dirimir os conflitos por meio da análise interior, o perdão e a palavra. O que esse enfoque terapêutico diz é que é preciso saber encontrar qual é a responsabilidade que cada um tem em cada situação vivida, e aceitá-la, para corrigir o erro.

Como os havaianos têm uma forma positiva de ver a vida, não contemplam a possibilidade de viver com uma bagagem emocional pesada de vergonhas e culpas. O que eles fazem é curar essas emoções por meio do perdão e da gratidão. Por isso, as palavras-chave da cura mediante o *ho'oponopono* são: "Sinto muito, me perdoe, amo você e sou grato".

> Tal como afirma a doutora María Carmen Martínez, especialista em *ho'oponopono*, aceitar nossa responsabilidade é um passo imprescindível para criar uma realidade diferente: "Nossa personalidade precisa ser deixada de lado, devemos parar de julgar e aceitar a responsabilidade de nossas próprias criações. Efetivamente de nossas próprias criações, porque o que nos causa sofrimento e dor na vida não é uma criação de Deus, e sim de nossa própria colheita; mesmo que, na maioria das vezes, não consigamos lembrar quando as semeamos".

SÓ OS IGNORANTES PODEM SER FELIZES?

Existe a falsa crença de que, quanto maior for o conhecimento que tivermos, maiores serão também nossa insatisfação vital e nosso sofrimento.

Um artigo publicado em 2011 pela Universidade de Waterloo, Ontário (Canadá), intitulado *Ignorance is Bliss* ("Ignorância é Felicidade"), afirma que, quando as informações são complexas e não contamos com todos os dados pertinentes para tomar decisões, preferimos que os outros resolvam os conflitos e tomem as decisões por nós.

Muita gente não quer complicação e, para isso, baseia sua vida na lei do menor esforço. Essas pessoas permitem que outros tomem decisões por elas.

Agindo assim, não é estranho que sintam que a vida lhes foge das mãos.

> **EXERCÍCIO PRÁTICO: DAQUI A SEIS MESES, DOIS ANOS E CINCO ANOS**
>
> Para centrar e concretizar o cenário de futuro desejado, você pode seguir estes passos:
>
> 1. Comece pelo período de futuro mais curto, por exemplo, daqui a seis meses, e divida um papel em três colunas.
>
> 2. Anote na coluna da esquerda como você se imagina nesse futuro próximo nos diferentes âmbitos de sua vida.
>
> 3. Na coluna do meio, escreva os passos que precisa dar para que sua realidade atual se transforme nesse cenário desejado.
>
> 4. Por último, anote na coluna da direita quando vai começar a agir, e assine seu compromisso na mesma coluna.
>
> 5. Repita o mesmo exercício para daqui a dois e cinco anos.

11

A Dor se Acumula e a Felicidade Não?

"Tudo que vemos é uma perspectiva, e não a verdade."
Marco Aurelio

Com frequência, os pacientes me dizem que sempre vejo o lado bom das coisas. Lembro-me especificamente de Aída, que em uma tarde me mandou uma mensagem, muito aborrecida porque seu chefe havia lhe dado bronca por causa de alguns resultados piores do que ela costumava obter em seu trabalho.

Minha resposta ao ler a mensagem foi:

"Fico feliz por você haver falhado. Isso prova que você não é um robô e que também erra."

Então, ela me respondeu:

"Como você conseguiu me fazer sentir bem e rir apenas com duas frases, sendo que eu estava péssima?"

Não mudei o que havia acontecido e, na verdade, também não seria possível. Mas era possível ajudá-la a viver esse momento com as emoções mais adequadas à situação e de um ponto de vista que ela não havia contemplado.

Ao dar a devida importância à parte emocional, seu lado racional se equilibrou para buscar novas opções, de modo que essa situação no trabalho não se repetiria.

TUDO DEPENDE DE NOSSO OLHAR

Quando passamos por um momento agradável, com estabilidade econômica, afetiva e de saúde, sentimos que a vida sorri para nós, e lhe retribuímos o sorriso. Ficamos de bom humor, e podemos até ter consciência de nossa própria felicidade.

No entanto, ver a dor ou a felicidade naquilo que nos cerca, em nossa história de vida e em nosso futuro, também depende de onde fixamos nosso olhar. Porque até mesmo das piores calamidades é possível extrair uma leitura positiva.

> **Sobreviver a um *tsunami***
>
> Há alguns anos, Risto Mejide realizou uma emocionante entrevista com María Belón sobre como ela viveu o *tsunami* na Tailândia – experiência que inspirou o filme *O Impossível*. Entre as perguntas que ele fez, houve uma que me chamou a atenção especialmente. Foi se, depois daquela trágica vivência, ela sentia que a dor se acumulava nas pessoas, ao passo que a felicidade passa inadvertida e não deixa marca em nós.
>
> Anos depois, María ainda se emociona quando recorda a tragédia que viveu ao sobreviver ao *tsunami* que assolou as praias onde ela estava passando uns dias com sua família. E afirma: "Quando você se encontra em uma situação como essa, seus impulsos é que o guiam. Sua vitória sobre a morte dependerá da força de seu instinto de sobrevivência".

A Dor se Acumula e a Felicidade Não?

> María teve um ou dois segundos para entender que a onda ia engolir todo o mundo. Depois, coube-lhe lutar por sua sobrevivência e a dos seus.
>
> Se ela não tivesse uma razão para seguir em frente, talvez houvesse se abandonado ali mesmo, mas quando viu seu filho, quando soube que pelo menos ele estava vivo, sentiu que recuperava suas forças e seu raciocínio.
>
> À medida que as horas passavam, María também descobriu que o humor é uma arma incrível contra a catástrofe, porque propicia distância e permite voltar a focar as coisas de um ponto de vista construtivo.
>
> Por outro lado, recebeu a lição da paciência, porque, quando tudo acabou, a recuperação foi lenta. O choque pós-traumático pode durar muito tempo e permanecer na mente como uma marca que diminui, mas nunca se apaga.
>
> Mas se há algo que María aprendeu foi julgar, em sua justa medida, cada obstáculo que a vida nos apresenta. Ela já não se preocupa com coisas insignificantes, com o que vão dizer. Agora, ela sabe que a vida deve ser sustentada como vem e aproveitada enquanto a temos.

Vamos dar um exemplo cotidiano. Continuar ou não em uma relação depende de saber ver o bom ou o ruim. Tudo é real, tudo aconteceu. Com certeza houve momentos inesquecíveis, nos quais irradiávamos felicidade e pensávamos que não poderíamos ter mais prazer que aquele que estávamos vivendo. E também houve momentos amargos que desejaríamos nunca ter vivido, e nos perguntamos como puderam acontecer. Em que você prefere focar?

Nosso estado de ânimo depende de nossa decisão de recordar a dor ou a felicidade. A inércia às vezes nos inclina a optar pela tristeza, dor, melancolia e passividade. Mas o fácil não é o melhor para nós.

Fomentar a bondade e a compaixão para com nossa história de vida passada é essencial para alcançar a paz interior.

EXERCÍCIO PRÁTICO: CINCO GOTAS DE FELICIDADE

No consultório, não costumo impor deveres nem pedir aos pacientes que se esforcem e façam exercícios entre as sessões. Creio que, ao organizar o interior, o *chacoalhão emocional* que levam é trabalho suficiente para eles.

Mas costumo pedir este exercício, especialmente aos pacientes que afirmam que não encontram nada positivo em sua vida.

1. Escreva em um papel cinco coisas boas que lhe aconteceram ontem. Qualquer coisa que tenha feito seu dia diferente e dado um toque agradável e doce à sua vida.

2. Se estiver há muito tempo ancorado na negatividade e na dor e tiver dificuldade para encontrar essas cinco gotas de felicidade no dia de ontem, amplie o tempo para a última semana. Pergunte-se: que cinco coisas aconteceram na última semana que me deram alegria? Passadas três semanas com este exercício, você poderá fazê-lo diariamente.

3. Ao reparar no lado ensolarado da realidade, descobrirá que a vida está mais cheia de felicidade do que você imaginava.

12

Fé na Felicidade

"Um pássaro pousado em uma árvore nunca tem medo de que o galho se quebre, não porque confie no galho, e sim em suas próprias asas."
Autor desconhecido

Sonia e Joaquin procuraram terapia porque o relacionamento entre eles havia se deteriorado nos últimos tempos. E embora o amor mútuo que sentiam fosse imenso, o tempo que dedicavam um ao outro era cada vez menor. Haviam começado a ter vidas separadas, e nos momentos que compartilhavam estavam sempre cercados de amigos ou da família.

Ao expor seus sentimentos, manifestaram críticas de anos atrás, e ambos se acusavam de não dar atenção à relação; e, ao mesmo tempo, diziam que essa negligência era a causa de haverem se distanciado.

Cada vez que iam à sessão, levantavam mais temas datados e hostilidades do passado, e, na terceira, disseram-me que realmente tinham dúvidas de que a relação pudesse se salvar. Mas eles confiavam em mim e em meu trabalho, e isso me permitiu incentivá-los a dar continuidade ao processo.

Quando deram por encerradas as picuinhas do passado e acabaram de esclarecer comentários e comportamentos que um ou outro considerava ofensivos ou sem sentido, eu lhes perguntei quando deixariam de lado a luta de poder para começar a criar pontos de encontro, de negociação. Eles ficaram surpresos, pois não haviam parado para *sentir* que era essa luta que os separava.

A partir desse momento, o tom das consultas mudou. Eles deixaram o passado de lado e começaram a fazer planos de futuro para curto, médio e longo prazos, e a negociar aqueles pontos nos quais não havia entendimento. Pararam de lutar e começaram a dialogar e a querer caminhar juntos de novo.

SEM FÉ, NADA FAZ SENTIDO

Há pouco tempo, uma paciente me perguntou no consultório:
– Nika, você tem fé?
– Claro – respondi. – Sem fé, meu trabalho não teria nenhum sentido.

Quando não tem uma conotação religiosa, a fé é aquilo que nos faz estar vivos e nos dá a confiança de que podemos mudar, evoluir e ser mais felizes. Graças à fé temos a amizade, pois sabemos que o bom amigo estará ao nosso lado para o que der e vier. A fé também nos ajuda a acreditar no amor, a confiar no outro, em sua bondade e carinho.

Muitas pessoas que vêm ao consultório deixaram de ter fé em si mesmas, em seu entorno, em seu presente e em seu futuro. Meu trabalho é ajudá-las a recuperar essa fé na felicidade.

> **Fuckup Nights**
>
> Há alguns meses, um amigo me sugeriu que eu o acompanhasse a uma *Fuckup Night* que aconteceria em Valência. Eu não tinha nem ideia do que era isso, mas, como gosto de surpresas, não me preocupei de lhe informar e o acompanhei. Foi uma experiência maravilhosa.

> Trata-se de um movimento que surgiu no México; nele, profissionais muito reconhecidos contam como começaram e como chegaram onde estão. E, para isso, contam seus fracassos, seus erros, seus projetos frustrados e falidos.
>
> Carlos Zimbrón, mexicano cofundador das *Fuckup Nights*, diz que esse conceito surgiu quando ele estava reunido com um grupo de amigos certa noite, bebendo alguma coisa e conversando sobre a razão pela qual, quando alguém fala de sua carreira, só conta os aspectos positivos e agradáveis. "Sempre existem erros e fracassos, que, no fim, são o mais valioso para um empreendedor. De fato, são revigorantes." Todos os profissionais de sucesso ali presentes haviam tido ideias falidas, péssimos sócios, bolsos vazios e outras histórias de terror.
>
> Foi assim que, em setembro de 2012, eles lançaram a primeira convocatória entre familiares, amigos e conhecidos para escutar três palestrantes de diferentes âmbitos que falaram de seus fracassos. Essa foi a primeira *Fuckup Night*, com cerca de 35 presentes. Atualmente, é realizada em muitas cidades, inclusive fora do México, como nos Estados Unidos, na Índia e na Espanha.
>
> "O fracasso é universal", diz Zimbrón, "e graças a ele conseguimos nos superar e aprender para continuar avançando."

Um claro exemplo de perda de fé é quando um membro do casal decide se separar, pois sente que nada vai mudar no relacionamento, percebe que não vai melhorar. Outro exemplo é quando decidimos sair de um emprego quando avaliamos as condições e a situação em que estamos, pois prevemos que não vão melhorar.

É preciso acreditar em algo ou em alguém para viver. Às vezes, precisamos buscar ajuda externa para recuperar essa confiança, especialmente em nós mesmos. A certeza de que estaremos melhor no futuro é que nos faz prosseguir, mobilizar os recursos necessários para continuar caminhando em busca da felicidade e da superação.

Por isso, você não deve perder a fé. E, se a perdeu momentaneamente, não deixe de procurá-la.

> **EXERCÍCIO PRÁTICO: LIGAR OS PONTOS**
>
> Em seu célebre discurso em Stanford, Steve Jobs falava que só entendemos o sentido de muitas coisas que nos acontecem – também as ruins – um tempo depois; como nos passatempos infantis de *ligar os pontos* para ver o desenho final.
>
> Com base nessa ideia, proponho o seguinte exercício:
> - Faça uma lista curta dos grandes fracassos de sua vida em qualquer âmbito (afetivo, profissional, etc.).
> - Com a perspectiva do tempo, anote que lição você aprendeu com cada fracasso – mesmo que na época não parecesse ter nenhuma utilidade.
> - Por último, reflita sobre as conquistas (podem ser íntimas) que alcançou posteriormente graças às lições desses fracassos.
>
> Com isso, você terá ligado os pontos.

13

É Possível Mudar, se Quiser

> *"Como é maravilhoso que ninguém precise esperar um minuto sequer para começar a melhorar o mundo."*
> *Anne Frank*

Ao completar 40 anos, Marina se sentia vítima de seu passado. Havia tido uma infância complicada com uma mãe alcoólatra que submetia a família toda a maus-tratos psicológicos. E ela chegou ao meu consultório como a menina assustada e magoada de antes.

Ela buscava nas amizades tudo que não havia tido em casa: afeto e compreensão. De sua parte, ela oferecia muito carinho, mas também o exigia em contrapartida. Todos os seus relacionamentos haviam fracassado por causa dessas exigências; porque ela pretendia receber exatamente o que dava, da mesma forma e ao mesmo tempo.

Nossa terapia consistiu em fechar o passado e fazê-la compreender que sua família era como era, que ela não a havia escolhido e que não podia continuar culpando-a.

Também trabalhamos a paciência e analisamos o porquê do fracasso de muitos de seus relacionamentos. Chegamos à conclusão de que ela havia sido exigente demais e pouco tolerante, entregando-se em excesso no começo e então estabelecendo expectativas descabidas em relação ao retorno por parte dos outros.

A partir da conscientização, Marina deixou de esperar que os outros se comportassem como ela. Deixou de se queixar, começou a se arrumar e a sair. Seus amigos voltaram a chamá-la para sair, e ela conseguiu aceitá-los como eram.

PARA MUDAR O MUNDO, MUDE VOCÊ PRIMEIRO

Os seres humanos estão constantemente em processo de mudança. Muda nosso corpo, nossa situação pessoal, nossos gostos... Por quê, então, resistimos tanto a mudar ideias e sentimentos? Se no cosmo nada é permanente, por que pretendemos escapar dessa lei de variação universal?

O que não flui, morre.

Por trás do pânico da mudança está a segurança que nos dá nossa zona de conforto, o entorno de pessoas, coisas e lugares conhecidos, dos quais já sabemos o que esperar.

Mesmo que não nos sintamos satisfeitos com nossa vida, é muito mais fácil viver na apatia e na repetição do que experimentar coisas novas. No entanto, a boa notícia é que nosso cérebro está perfeitamente preparado para a mudança.

> **Se você muda, tudo muda**
>
> Em um estudo recente, descobriu-se que nossas ações afetam outras pessoas em até três níveis de relação. Ou seja, se uma pessoa para de fumar, seus amigos também tendem a parar, e os amigos deles, e até os amigos dos amigos dos amigos. Portanto, é fato que o que fazemos repercute nos outros, tanto as coisas boas quanto as ruins, desde o tabagismo até uma atitude de altruísmo, passando pela obesidade, a felicidade ou a depressão. Como dizia o poeta John Donne, "nenhum homem é uma ilha isolada".

PLASTICIDADE NEURONAL

Nosso cérebro não é inamovível. Ele tem neuroplasticidade, que é a capacidade de se adaptar às mudanças modificando as rotas entre neurônios. Esse é o tema central de estudo da neuropsicologia do desenvolvimento ou neurologia infantil.

Os neurônios estão unidos por pontos chamados sinapses. Podemos dizer que as células de nosso cérebro conversam entre si, e transmitem a informação por meio dessas redes pelas quais circulam impulsos elétricos.

Os drs. Carme Junqué e José Barroso, em *Manual de Neuropsicología*, comentam que a plasticidade neuronal é uma capacidade eterna, ou seja, trata-se do estado normal do sistema nervoso. E essa plasticidade serve, entre outras coisas, para organizar o sistema neuronal ao longo da vida e impulsionar o crescimento e desenvolvimento da aprendizagem.

O cérebro é como um edifício constantemente em obras que vai melhorando seus pavilhões, mudando de lugar uma área da biblioteca ou eliminando a lanchonete, que já não é utilizada. Durante esse processo arquitetônico são estabelecidas diversas conexões. Algumas delas são determinadas pela genética, mas outras dependem totalmente de nossa educação e ambiente, ou seja, da aprendizagem. O que significa que o estímulo cria novas sinapses que modificam e modelam nosso edifício cerebral.

Então, é possível mudar, cerebralmente falando? Segundo os estudos, todos podemos nos tornar pessoas diferentes se modificarmos nossos hábitos, pensamentos e atos. É um ato de intenção e vontade que está em nossas mãos e em nossos neurônios!

Quando percebemos que estamos em uma situação em que não nos sentimos à vontade e decidimos fazer mudanças, estamos evoluindo.

ASSUMIR O COMANDO

Nossas recordações, conhecimentos e sonhos estão gravados em nossa rede neuronal. Tudo aquilo pelo qual nos consideramos seres humanos, que nos faz ser quem somos, está em nossa mente. Hoje, sabemos que os genes têm 10% de responsabilidade sobre nosso comportamento, mas os outros 90% dependem de nossas experiências e conhecimento. Ou seja, podemos driblar o destino genético por meio da modelagem neuronal consciente, escolhendo quem queremos ser.

Por isso, quando falamos de uma transformação real, referimo-nos também a nossos neurônios. Para mudar nossa vida é necessário mudar nosso edifício cerebral, modificando também nossos pensamentos e emoções.

Se decidirmos fazer as coisas de forma diferente, esforçando-nos para melhorar nossos padrões de conduta, acabaremos transformando também nosso cérebro.

> ### EXERCÍCIO PRÁTICO: MUDANÇAS QUE PERDURAM NO TEMPO
>
> Para fazer que as mudanças em sua vida sejam significativas, você pode seguir este protocolo:
>
> - *Identifique aquilo que quer mudar.* Por exemplo, fazer exercício, comunicar-se melhor com seu companheiro ou respeitar e separar os horários de trabalho e lazer.
> - *Especifique as ações a realizar.* Por exemplo, fazer exercício quatro vezes por semana durante no mínimo meia hora, indicando o lugar e momento do dia.

- *Comunique seu propósito a seu entorno mais próximo.* O apoio dos outros, somado à motivação interna, é uma grande combinação para atingir o objetivo.
- *Anote cada vez que cumprir o proposto.* Por exemplo, registre o dia em que fez exercícios, a hora de início e o tempo dedicado. Assim, você poderá ver seu progresso.
- *Celebre suas conquistas.* Faça a si mesmo uma pequena homenagem quando conseguir ser regular durante uma semana ou um mês.

14

Sair do Circuito Fechado

"Lave a cabeça todo dia com um bom xampu mental."
Sara Jordan

Laura, 31 anos, estava obcecada por seu ex, mesmo estando solteira havia meses. Ela tentava saber o que ele fazia o tempo todo. Levantava e se deitava pensando nele.

Nossa terapia começou com um convite: deixar o celular em casa, já que ele havia se transformado em sua principal ferramenta para seguir os passos do rapaz. A seguir, aconselhei-a a não falar mais dele com seus amigos, porque, além de reforçar sua fixação, ela os estava saturando.

Quando damos asas aos pensamentos repetitivos, falamos sempre sobre a mesma coisa e não escutamos o que os outros dizem, é porque estamos em um circuito fechado. No caso de Laura, a chave para sair do labirinto foi ela perceber como as ideias recorrentes entorpeciam sua vida, como afetavam seu tempo e os momentos que desperdiçava tendo esse tipo de pensamento. E o modo mais claro de ela ver isso foi enumerando as coisas que perdia por não estar focada no aqui e agora. Por exemplo, ela não curtia um jantar com amigos, nem um show, por pensar constantemente em seu ex.

Essa conscientização a ajudou a desligar a centrífuga de pensamentos recorrentes para voltar a escutar a vida com todos os seus matizes e prazeres.

UMA DECISÃO CRUCIAL

O poder da mente sempre me surpreende. Ela pode nos transformar na pessoa mais insegura, ciumenta e cheia de melindres, ou, ao contrário, pode fazer que nos sintamos felizes e com vontade de continuar vivendo plenamente.

A diferença está na interpretação que fazemos do que acontece. Diariamente, momento a momento, escolhemos o que pensar; portanto, decidimos tingir nossa vida de felicidade ou infelicidade.

Também escolhemos o modo como enfrentamos o que acontece conosco. Podemos combater os desafios da vida de frente, com energia, sabendo que, aconteça o que acontecer, sairemos fortalecidos e mais sábios.

Mas, quando enfrentamos os problemas da vida com medo de perder coisas, com baixa autoestima, com medo do que vão pensar de nós, e esse medo se instala dentro de nós, então, ficamos bloqueados, paralisados. Nesse caso, ficamos presos no circuito fechado das ideias negativas e não produtivas. Encarar as coisas de forma derrotista rouba de nós toda a felicidade da aventura de viver.

Por isso é tão crucial a decisão que tomamos, o interruptor da mente que decidamos acionar: viver no modo aprendizagem e lucro ou no modo medo e derrota.

> **A fábula das rãs**
>
> Era uma vez duas rãs que caíram em um recipiente de nata. Imediatamente notaram que estavam afundando: era impossível nadar ou flutuar muito tempo nessa massa espessa, como areia movediça.

No começo, as duas rãs esperneavam na nata para chegar à borda do recipiente. Mas era inútil, só conseguiam chafurdar no mesmo lugar e afundar. Sentiam que cada vez era mais difícil subir à superfície e respirar.

Uma delas disse em voz alta:

– Não aguento mais. É impossível sair daqui. Não dá para nadar nessa substância. Já que vou morrer, não vejo por que prolongar o sofrimento. Não entendo que sentido há em morrer extenuada por um esforço inútil.

E, dito isso, parou de espernear e afundou depressa, sendo literalmente engolida pelo denso líquido branco.

A outra rã, mais persistente, ou talvez mais teimosa, disse:

– Não tem jeito! Não dá para fazer nada para avançar nesta coisa. No entanto, mesmo com a proximidade da morte, prefiro lutar até meu último suspiro. Não quero morrer nem um segundo antes de chegar minha hora.

Ela continuou esperneando e chafurdando, sempre no mesmo lugar, sem avançar nem um centímetro, durante horas e horas.

E, de repente, de tanto se mexer, de tanto agitar e espernear, a nata pouco a pouco foi ficando mais grossa, até se tornar manteiga. Surpresa, a rã deu um pulo, e patinando, chegou à borda do recipiente. Dali, pôde voltar para casa coaxando alegremente.

> **EXERCÍCIO PRÁTICO: REPROGRAMAR CRENÇAS**
>
> Muitas das limitações de nossa forma de viver têm seu reflexo na linguagem que utilizamos. Por isso, se a trocarmos por expressões positivas, também levaremos essas mudanças para nossa realidade.
>
> Este simples exercício o ajudará a mudar sua programação.
>
> 1. Anote três condicionais que comecem com Se... (Por exemplo: "Se eu tivesse dinheiro/namorado/mais saúde, faria...").
>
> 2. Reescreva essas três frases sem usar o condicional. (Por exemplo: "Com o dinheiro que eu tenho, posso fazer...").
>
> 3. A seguir, formule mais três frases que comecem com *Quem dera...* (Por exemplo: "Quem dera eu tivesse um emprego melhor").
>
> 4. Reformule essas três frases afirmativamente, sem fazer que sua vida dependa de fatores externos. (Por exemplo: "Terei um emprego melhor, e vou consegui-lo fazendo...").
>
> Se você se acostumar a eliminar de seu vocabulário as expressões que *roubam seu poder*, trocando-as por uma linguagem de ação, vai tomar as rédeas de sua vida.

15

Não Pense Mais Nisso

> "O estresse nada mais é que uma forma socialmente aceita de doença mental."
> *Richard Carlson*

Às vezes, deixamos de viver e de nos sentirmos no presente e focamos no futuro, no que poderia acontecer. Nesse momento, permitimos que a irrealidade e a insegurança se apoderem de nós; e surgem as ameaças, os medos, os fantasmas. E especialmente, os *e se...*

Nacho era enfermeiro no pronto-socorro de um hospital. Foi ao meu consultório porque seus *e se...* o estavam dominando e ele teve de pedir uma licença trabalhista.

Seus colegas o definiam como um grande profissional, resolutivo e muito inteligente. Mas fazia algum tempo que ele duvidava de si mesmo no campo profissional e antecipava negativamente situações que acabavam nunca acontecendo. Assim que acordava, ele pensava: "E se chegar um paciente com algo e não soubermos o que é?"; ou "E se o médico me mandar fazer algo e eu não souber como?"; ou "E se eu tiver de pôr um acesso e não achar a veia?".

Ele estava nessa situação havia dois meses. Então, perguntei-lhe o que tinha acontecido nesse tempo. Ele disse que sua namorada, com quem estava desde a faculdade, o abandonara. Eles estavam mal havia um tempo, e ele sabia que isso era o melhor que poderia acontecer, mas sua insegurança emocional acabara afetando a única parte de sua vida que ele tinha sob controle e bem assegurada: seu trabalho.

A terapia consistiu em buscar ancoragens seguras na vida dele. Essas ancoragens eram seus amigos, sua família, ou sua paixão pela natação. Também trabalhamos os pensamentos antecipatórios negativos, chegando à conclusão, pela própria experiência dele, de que depois nunca acontecia o que ele temia. Ele mesmo reconheceu que, em duas ocasiões, havia tido casos muito complicados no pronto-socorro, e, sem pensar se poderia dar conta ou não, ele os resolvera satisfatoriamente.

Ele meditou sobre a seguinte frase: "A preocupação é como um balanço: não nos leva a lugar nenhum, mas é divertido". Só que ele decidiu, por fim, divertir-se com tudo aquilo que lhe proporcionava coisas boas na vida, e desterrar a preocupação.

> **As três crenças irracionais básicas**
>
> O psicoterapeuta cognitivo Albert Ellis é o criador da Terapia Racional Emotiva (TRE), e com ela tenta explicar como aquilo que pensamos afeta o que sentimos. Ellis parte da hipótese de que não são os acontecimentos (A) que geram os estados emocionais (C), e sim nossa maneira de interpretá-los (B). Não é A que gera C, e sim B. Portanto, se formos capazes de mudar nossos pensamentos, seremos capazes de gerar novos estados emocionais menos dolorosos e mais acordes com a realidade, e, portanto, mais racionais e realistas.

> Ele resumiu em três pontos as crenças irracionais mais frequentes que temos e que são fonte de muito sofrimento emocional.
>
> - Eu mesmo: "Devo fazer as coisas direito e merecer a aprovação dos outros por meus atos".
> - Os outros: "Os outros devem agir de maneira agradável, justa e com consideração".
> - A vida: "A vida deve me oferecer condições boas e fáceis para que eu consiga o que quero sem muito esforço e com conforto".

ARMADILHAS DA NEGATIVIDADE

Os pensamentos negativos criam em nós ansiedade e problemas graves de saúde, ao passo que os positivos, ao contrário, proporcionam uma sensação de tranquilidade e bem-estar. Entre as duas opções, não há mudança alguma nos fatos ou dados externos; a diferença está em nossa forma de percebê-los.

Existe uma série de armadilhas mentais que armamos para nós mesmos e que nos arrastam para a negatividade:

- *A generalização*, ou seja, acreditar que o que acontece algumas vezes vai acontecer sempre do mesmo jeito.
- *A exteriorização*, pensar que a causa daquilo que acontece é externa a nós, ou seja, que a culpa é do outro, ou das circunstâncias.
- *As conclusões precipitadas, tiradas* antes de validar os dados que temos, ou sem sequer tê-los.
- *A personalização*, isto é, ver a si mesmo como a causa de tudo que ocorre.

- *A maximização*, ou seja, exagerar aquilo que acontece e transformá-lo em uma verdadeira catástrofe.
- *A leitura da mente*, isto é, fazer suposições sobre o que os outros pensam ou acreditam, normalmente em termos negativos para si mesmo.
- *O pensamento dicotômico*, ou seja, pensar em termos como *está comigo ou está contra mim*.

> ### EXERCÍCIO PRÁTICO: CINCO MANEIRAS DE SE LIBERTAR DOS PENSAMENTOS NEGATIVOS
>
> Estas medidas o ajudarão a se livrar da programação negativa que limita sua vida:
>
> - *Tome consciência do que você pensa.* A maioria de nossas reações e pensamentos é automática. O desafio consiste em, quando sentir uma mudança em suas emoções, tomas alguns minutos e refletir: "O que aconteceu? O que me levou a me sentir assim? A coisa aconteceu assim mesmo, ou eu é que a interpretei assim?".
>
> - *Bloqueie os pensamentos.* Quando pensar em algo que lhe cause sensações ruins, olhe para cima e para a esquerda. Esse simples exercício ocular favorece a mudança emocional.
>
> - *Mude sua postura corporal.* Nosso exterior reflete nosso interior e, do mesmo modo, quando mantemos uma má postura, ou ficamos de cenho franzido o dia todo, acabamos nos sentindo assim devido a uma resposta psicossomática. Se quiser se sentir bem, sorria e sente-se ereto.

- *Respire conscientemente.* Preste atenção na inspiração e expiração durante dez minutos. Isso ajuda a diminuir o ritmo cardíaco, a desconectar e relaxar. Se fizer isso em um ambiente descontraído, cercado de objetos, aromas, música e afirmações positivas, vai aumentar a efetividade do exercício.

- *Converse e escreva.* Dois grandes exercícios para mudar nossos pensamentos baseiam-se em expressá-los. Conversando com amigos, que podem nos dar outra perspectiva sobre nossos problemas, e escrevendo em um diário ou na forma de cartas, podemos exteriorizar o que acontece conosco e encontrar soluções mais facilmente.

16

Mais Além do Pessimismo

> "Aquele que não está ocupado nascendo,
> está ocupado morrendo."
> *Bob Dylan*

Héctor fazia doutorado em Informática aos 24 anos. Era muito inteligente, mas sofria muitos altos e baixos emocionais. Seu pessimismo era tanto que, em sua primeira consulta, me disse:

– Não vale a pena viver. Afinal, vou morrer de qualquer jeito...

Assim como fazia Viktor Frankl diante desse tipo de situação, eu disse ao paciente que fosse em frente, que se suicidasse se achava que isso o faria se sentir melhor. Ele ficou muito surpreso ao ver que eu não tentava convencê-lo do contrário, que lhe dava corda. Esse primeiro choque enérgico o ajudou a dar a virada mental para pensar positivo.

De fato, Héctor não estava disposto a acabar com sua vida. Sua atitude negativa era só da boca para fora. E já comprovei isso faz tempo no consultório: os pessimistas reclamam o tempo todo, mas não fazem nada. Ao longo de nossas conversas, ele foi entendendo que a chave para se livrar do pessimismo era reconhecer o que o fazia feliz, e lutar por isso.

Hoje, Héctor é um jovem realizado que encontrou um sentido na vida. Além do doutorado, começou a colaborar com uma ONG que preenchia um vazio espiritual que ele tinha. E além de tudo, lá ele conheceu sua namorada. Os dois têm grandes planos, tanto conjuntos quanto individuais.

MUDAR É POSSÍVEL

Como comentávamos no capítulo da neuroplasticidade, nosso cérebro tem a capacidade de mudar, de se moldar em função das experiências e aprendizagens que vivemos.

Tomar consciência disso é um alívio para aqueles que sentem necessidade de mudar, mas não se julgam capazes de admitir ou afirmar isso. No entanto, para aqueles que se escondem atrás do fracasso com um "Eu sou assim mesmo", descobrir que seu cérebro é plástico é nefasto, posto que assim ficam sem desculpas para se proteger.

Notamos que mudar não é fácil quando vemos que as pessoas tropeçam repetidas vezes na mesma pedra. No entanto, quando tomamos consciência de que estamos nos boicotando, de repente a mudança se torna possível.

> **Obstáculos para a mudança**
>
> Gerri Luce, terapeuta e colaboradora da *Psychology Today*, explica que durante muito tempo manteve um jeito insano de comer que a levou à anorexia e quase à morte. Seu próprio processo a fez ver como é difícil mudar, e, por isso, ela conhece as dificuldades pelas quais seus pacientes passam: "Eu amava meus vários rituais focados na comida, nos exercícios, nos espelhos e outros aspectos de minha vida de anoréxica. Meu dia a dia consistia em rituais bem programados, com o objetivo de me manter segura. Qualquer possibilidade de mudança chacoalhava minha vida".

> Quando ela teve certeza de que estava se matando, enfrentou a doença e realizou as mudanças necessárias para recuperar a saúde. Atualmente, ela conhece muito bem os obstáculos que nos impedem de evoluir.
>
> 1. *Os comportamentos conhecidos são confortáveis* e nos dão uma falsa sensação de bem-estar e segurança.
> 2. *Os rituais fazem que nosso mundo gire de forma controlada.* Ao repetir a mesma coisa que sempre fizemos, parece que nada vai dar errado.
> 3. *Mudar implica enfrentar o desconhecido.* Requer uma dose extra de coragem, esforço e vontade, experimentar o medo do que possa acontecer, e, por último, sair da zona de conforto sem saber o que encontraremos mais além.
>
> Se assumirmos que a mudança é o caminho da felicidade, temos de pôr as mãos na massa. Mesmo que, segundo Luce, não seja fácil: "A palavra-chave é processo. Nenhuma mudança importante se dá da noite para o dia. A mudança custa porque é assustadora, mesmo quando é para melhor".

No que diz respeito ao tema deste capítulo, podemos resumir as bases do otimismo nos seguintes pontos:

1. Mudar é possível.
2. Abandonar a zona de conforto dá medo no início, mas proporciona recompensas muito maiores que o esforço.
3. Toda transformação pode ser realizada com um bom plano e a determinação de não o abandonar até conseguir.
4. A vida é constante evolução. Negar esse aspecto dinâmico da existência é obviar a essência da vida.

CRIE UM PADRÃO

Ebbi Thomas, autor de *The Intuitive Algorithm*, um livro sobre a mente humana e a inteligência artificial, diz: "O pessimismo se baseia na convicção (de uma pessoa) de que não temos controle sobre o que acontece, pois ocorre de forma errática, sem nenhum padrão universal aplicável. A chave para mudá-lo é acreditar que existe um padrão".

Muitas pessoas transformaram sua vida de maneira espetacular, começando a procurar o padrão que existia em seu dia a dia ou criando pequenos hábitos que os fizessem perceber que era possível confiar no que ia acontecer. Vários estudos afirmam que 21 dias são suficientes para mudar um hábito, e assim, criar um novo padrão. Depois desse tempo, o novo ritual se torna instintivo, e não precisamos sequer pensar nele para realizá-lo, pois estamos programados para isso, para criar e seguir padrões.

> **EXERCÍCIO PRÁTICO: CRIAR CÍRCULOS DE OTIMISMO**
>
> Com o exercício seguinte, proponho migrar do pessimismo ao otimismo:
>
> 1. Escolha alguém que tenha feito algo doloroso para você e que, em sua opinião, o transformou em uma pessoa mais pessimista.
> 2. Em uma folha em branco, desenhe vários círculos; em um deles, escreva a essência dessa experiência ruim.
> 3. Nos demais círculos, escreva todas as experiências positivas que puder recordar.
>
> Você vai ver que esse círculo negativo se perderá em um mar de positivos, e pode se sentir grato por eles.

17

A Arte de Desaprender

"Somos o que fazemos repetidamente; a excelência não é um ato, e sim um hábito."

Aristóteles

Rocío, 50 anos, não sabia dizer não. No consultório, ela me contou que não queria continuar vivendo assim, porque se sentia frustrada. Percebia que dedicava tanto tempo às exigências dos outros que havia deixado de ter vida própria.

Ao contrário do que se possa pensar, uma pessoa muito complacente incomoda os outros, porque parece não ter personalidade própria. Os relacionamentos em que há atitudes serviçais demais quase sempre fracassam.

Na terapia, treinamos o dizer não, que é um não seletivo, não por rebeldia. Nesse processo, Rocío encontrou muitos conflitos pelo caminho, pois era um hábito novo que ia contra o que ela havia feito durante tantos anos, e contra seu instinto.

Nas consultas, com frequência uso como exemplo a protagonista do filme *Noiva em Fuga*. Maggie Carpenter (Julia Roberts) fugiu do altar antes de se casar com vários futuros maridos. Richard Gere encarna Ike Graham, o repórter responsável por fazer um artigo sobre o próximo casamento dela. Quando ele pergunta aos antigos noivos como Maggie gosta dos ovos, ele se surpreende, porque cada um afirma, orgulhoso, que ela os prefere igual a eles: fritos, moles, cozidos, mexidos... E ao perguntar diretamente a ela, Maggie confessa que não sabe como gosta dos ovos, pois sempre os come em função do namorado com quem está. Ela acredita que agradando seus companheiros em coisas assim será mais amada, e que, forçando-se a ter pontos em comum, viverão melhor a relação.

A realidade é muito diferente. Quem não sabe o que quer dificilmente encontrará seu lugar no relacionamento e no mundo.

RESPIRAR DE OUTRO JEITO

Ultimamente se fala muito do conceito *desaprender,* mas ninguém diz o que é exatamente nem para que serve. Trata-se de uma atitude que busca que nos desfaçamos, por meio da desaprendizagem, das coisas que impedem o desenvolvimento e a evolução pessoal.

A desaprendizagem só pode acontecer se a pessoa aceitar que algumas atitudes e ideias aprendidas já não servem mais, e que é necessário mudá-las. E não é um processo isolado, uma vez que deve ser complementado pela aprendizagem de novos hábitos. É um ato voluntário; a pessoa pode iniciá-lo e finalizá-lo quando quiser.

Reprogramar nossas crenças

Estima-se que 99% de nossas ações diárias são costumes que adquirimos à base da repetição. Muito poucas vezes paramos para pensar por que fazemos as coisas desse jeito, ou se haveria uma maneira de fazê-las melhor. Os hábitos externos formam uma rotina, mas também existem os internos, ou seja, aqueles que determinam nosso pensamento, nossas opiniões e reações diante do que acontece conosco. Pensar de certo modo também se transforma em uma rotina e acaba fazendo parte de nosso programa.

Sobre os hábitos adquiridos por repetição, existem duas opiniões divergentes. Por um lado, a daqueles que acreditam que é uma busca de eficiência, posto que quanto mais coisas forem automáticas, menos será necessário pensar no que fazer ou como fazer. Mas, por outro lado, há aqueles que acreditam que essas repetições se baseiam no medo de mudar, uma vez que buscamos o controle da situação.

Nossa programação determina quem somos e como nos comportamos. Mas isso não quer dizer que temos de ser sempre assim. Podemos mudar nossas crenças e pensamentos, se os atuais não nos ajudarem a ser feliz.

Para isso, é preciso parar e refletir, perguntarmo-nos por que pensamos assim ou agimos de determinada maneira. Repensar nossas crenças é o primeiro passo para mudar nossos hábitos, avaliando o que vai bem e o que não e que pode ser melhorado.

Podemos relacionar o método de desaprender com a metáfora da respiração. Quando respiramos, permitimos que ar novo entre em nosso organismo e expulsamos o velho, retendo no processo aquilo que nos é útil e eliminando o que não nos serve. Durante a respiração, inalamos os elementos essenciais para nossa existência, como o oxigênio, e eliminamos as substâncias tóxicas, como o dióxido de carbono.

Se não o expulsássemos, não deixaríamos espaço livre nos pulmões para o ar novo. Além disso, estaríamos acumulando em nosso organismo um elemento daninho, que acabaria nos envenenando. O mesmo acontece com os hábitos que nos boicotam. Para que o novo possa surgir, primeiro devemos nos despedir do velho.

Desaprender é deixar de lado o que não serve e abrir espaço para assimilar novos conceitos, para continuar crescendo e evoluindo, para continuar vivendo.

> ### EXERCÍCIO PRÁTICO: DESATIVAR MAUS HÁBITOS MENTAIS
>
> Assim como existem atos que repetimos o tempo todo sem que nos proporcionem nada de produtivo nem saudável, há maus hábitos mentais. Neste exercício, trabalharemos como mudar estes últimos.
>
> 1. Descubra qual pensamento automático aparece em certas situações e o boicota. Por exemplo, ao conhecer alguém novo você pensa: "Tenho certeza de que não vai gostar de mim nem me achar interessante".
> 2. Procure saber de onde procede esse pensamento limitador. No exemplo anterior, a causa estaria na insegurança e necessidade de aprovação.

3. Encontre um pensamento positivo para substituir o primeiro. Em nosso exemplo, poderia ser: "Vamos ver quem é essa pessoa e o que posso aprender com ela".

Você pode aplicar este exercício de substituição com todos os pensamentos insanos que detectar.

18

Tenho de Ser Feliz

"Se não pode ser feliz aqui e agora, não poderá nunca sê-lo."
Taisen Deshimaru

Há alguns meses tratei de Mónica no consultório, uma engenheira de 40 anos que vivia em Londres e nunca havia namorado. Ela justificava isso dizendo que era a mais velha de cinco irmãos e que sempre havia se sentido obrigada a cuidar da família.

Pouco depois de se mudar para Londres, ela já estava envolvida com quatro ONGs e seus colegas de trabalho lhe pediam ajuda constantemente. Mónica se entregava a todo mundo, como se estivesse em dívida, e vivia absolutamente estressada, o que lhe provocava um problema dermatológico – eczemas.

Para se acalmar, ela devorava chocolate. É frequente ver no consultório quadros de ansiedade que são apaziguados com ingestão de chocolate, doces ou produtos pouco saudáveis para o organismo, como o excesso de café ou cigarros. No caso dessa engenheira, sua compensação ao chegar a casa era pôr música, sentar-se no sofá e se empanturrar de doces para se sentir melhor, o que lhe provocava um problema adicional de sobrepeso.

Para acabar com isso, começamos rompendo a relação entre o doce e a sensação de se sentir melhor. Para isso, estabelecemos diversas atividades ou rituais para mitigar o estresse de modo mais saudável, como dar uma volta enquanto escutava seu disco favorito.

Durante a terapia, também levantamos uma série de perguntas para fazê-la refletir sobre sua vida. Quando a pessoa se entrega tanto aos outros, mas não por prazer, é preciso questionar que necessidade real há por trás disso. Formulei estas perguntas, que podem ser feitas a qualquer pessoa na mesma situação:

- Sua entrega tem origem no medo de ficar sozinha?
- Você fica inquieta ao estar consigo mesma?
- Precisa se entregar aos outros para que gostem de você?

SER FELIZ NÃO É UMA OBRIGAÇÃO

No consultório, sempre me chamou a atenção a quantidade de *tenho de* que as pessoas se impõem. Todos os dias ouço frases do tipo: "Tenho de mudar", "Tenho de estar bem", "Tenho de estudar", "Tenho de falar com meu namorado"... Não é de estranhar que cheguem à terapia abatidos, cansados e desanimados!

Há um exercício de liberdade muito poderoso, que consiste em eliminar todos esses *tenho de* e fazer o que realmente desejamos, tomando consciência de nós mesmos, e, principalmente, com responsabilidade e assumindo as consequências de nossas ações.

Vamos começar nos livrando do lugar-comum "Tenho de ser feliz".

Há alguns meses, senti um calafrio e uma pressão incontrolável no peito quando um paciente me disse:

– Tenho de ser feliz, não posso continuar assim!

Ao ver minha reação, ele me olhou surpreso e me perguntou se eu estava bem. Eu disse que sim, mas que sua autoexigência havia gritado tanto em minha cabeça que eu ficara sem energia por um instante.

Pois a obrigação autoimposta de ser feliz é, sem dúvida, extenuante.

ATÉ O PARAÍSO CANSA

A frase que dá título a esta seção é de Goethe. Todos desejamos ser felizes, mas isso não deveria ser uma meta, e sim um processo; um modo de caminhar, como diziam os sábios. Feliz é aquele que pode tomar decisões livremente ao longo de sua vida, livre de obrigações sociais. Por isso, a ideia de *ter de ser feliz* rompe com todos os pontos básicos da felicidade.

Por influência, talvez, de imagens que chegam a nós por meio da publicidade, existe a ideia errônea de que ser feliz significa rir e ter uma atitude positiva constante; não ter problemas. Mas, de verdade, alguém pode viver assim?

Imaginemos por um momento alguém que esteja o dia inteiro pulando de alegria, rindo de tudo que acontece, sempre com palavras de apoio e ânimo para os outros. Isso não nos causaria certo medo? Viver em um estado constante de felicidade seria tão insano quanto ficar ancorado na mais profunda melancolia ou irritação.

Alguns sábios dizem que a felicidade não pode ser medida momento a momento, uma vez que enquanto somos felizes não temos tempo de perceber. Isso é algo que só podemos valorar e avaliar no final da vida. É quando, olhando para trás, podemos obter uma perspectiva global de nossa existência e de como a vivemos.

> **Oito vantagens do pessimismo**
>
> A psicologia positiva mal-entendida fez que muitas pessoas chegassem à conclusão de que ver a vida de forma positiva é a única maneira de alcançar a felicidade, ao passo que a negatividade e o mau humor são emoções que devemos erradicar.

No entanto, pesquisas muito recentes questionam essa ideia preconcebida. Segundo um estudo publicado na *Psychological Science* por Joseph P. Forgas, da Universidade de Nova Gales do Sul, existem coisas que o ser humano realiza melhor quando está de mau humor ou tomado pela tristeza – desde que essas emoções não se transformem em uma angústia permanente.

1. *Nossa memória melhora.* Um experimento realizado em 2009 demonstrou que nos dias de chuva, quando nosso humor está pior, ao entrar em uma loja recordamos com mais ênfase que não faz sol. Em suma, quando estamos tristes ou irritados, nossas recordações são gravadas com mais precisão.

2. *Somos mais rigorosos em nossos julgamentos.* As pessoas otimistas tendem a ser entusiastas demais em suas primeiras impressões, o que faz que deixem passar muitos detalhes importantes. Por outro lado, quando estamos de mau humor ativamos o olho crítico.

3. *Ficamos menos ingênuos.* Várias pesquisas demonstram que os pessimistas acreditam menos nos rumores. O mau humor faz que nos concentremos nos fatos demonstráveis, e, com isso, detectemos melhor uma possível tramoia.

4. *Rejeitamos os estereótipos.* Em outro estudo revelador, pedia-se a diversos participantes que atirassem em uma série de alvos, dos quais uns portavam armas e outros não; e indistintamente, alguns usavam turbante. O grupo dos "felizes" atirou mais nos alvos que usavam turbante, mas não armas, um erro no qual os participantes mal-humorados não incorreram.

5. *Somos mais perseverantes.* Há um conceito chamado *self-handicapping* que consiste em evitar processos, para, assim, evitar um possível fracasso. Esse tipo de autoboicote é pouco comum nas pessoas pessimistas, uma vez que não se assustam com as más notícias. Isso lhes permite perseverar e obter melhores resultados.

6. *Temos certas vantagens no relacionamento com os outros.* Não é verdade que pessoas mal-humoradas são sempre mais desagradáveis no trato com os outros. Ao contrário, em muitos sentidos o trato é mais cuidadoso e atencioso que o de pessoas de bom humor, que tendem a ser mais diretas e desconsideradas em suas respostas.

7. *Somos mais equitativos.* As estatísticas indicam que um estado de ânimo positivo pode promover o egoísmo, ao passo que o pessimismo nos deixa mais atentos às normas externas. Por mais curioso que pareça, as pessoas mal-humoradas são mais respeitosas com as normas, e, portanto, é mais simples para elas chegar a acordos.

8. *Somos mais persuasivos.* Posto que a negatividade e a tristeza fazem que prestemos mais atenção nos detalhes, isso nos permite ser mais empáticos com os outros, e assim, é mais fácil fazê-los ficar do nosso lado.

VIVA A CRISE!

Não é preciso esperar chegar aos 40 ou 50 anos para sofrer crises pessoais. As crises são, em essência, estados transitórios de autoavaliação e de percepção. Elas nos ensinam, talvez, que não somos como queremos ou não temos o que desejávamos e esperávamos. Por isso são tão maravilhosas, porque somente quando acontecem percebemos se somos felizes ou não e se queremos mudar. No capítulo seguinte, falaremos do tema das crises e de como podem ser benéficas.

Sermos obrigados a revisar e avaliar a própria vida é mais valioso que nos obrigarmos a ser felizes porque *temos de ser* ou porque é o que a sociedade e, em especial, nossos entes queridos esperam de nós.

Portanto, não tenhamos medo de viver crises, estados de perturbação emocional, autocrítica, raiva de nós mesmos, frustração e decepção com nossas ações, pensamentos e emoções. Esse é o primeiro passo para uma verdadeira mudança de dentro para fora; uma transformação surgida da motivação e da vontade, e não da necessidade ou da exigência.

> **EXERCÍCIO PRÁTICO: A ALQUIMIA DA TRISTEZA**
>
> A tristeza costuma estar relacionada com a perda. Sempre que nos sentimos tristes é porque julgamos haver perdido algo, seja material ou emocional. Para este exercício, proponho buscar o lado positivo de perder alguma coisa.
>
> 1. Pense na última vez que se sentiu triste, abatido ou melancólico, e procure detectar o que perdeu para se sentir assim.
>
> 2. Analise o que essa perda representou em sua vida, mas procure também o que lhe trouxe de bom, o que você ganhou com ela.
>
> 3. Pense, agora, em que oportunidades se abrem com essa perda: que novos desafios você vislumbra no horizonte. Pois, como disse Miguel de Cervantes: "Quando uma porta se fecha, outra se abre". Que porta se abriu em sua vida?

19

Nada é Perfeito, Ninguém é Perfeito

> "Se você não é feliz com tudo que tem,
> também não será com o que lhe falta."
> *Erich Fromm*

– Não sei se quero ser pai, porque acho que não serei um pai perfeito – comentou José Miguel em nossa segunda sessão.

– E como é um pai perfeito? – perguntei.

Então, ele me contou que sua ideia de pai perfeito era o que havia aprendido com sua ex-namorada, posto que o seu havia falecido quando ele era criança e mal se lembrava de como era.

Ele começou a me contar que seu ex-sogro estava sempre atento a seus filhos, que se dedicava a eles o tempo todo; a ponto de eles não serem capazes de tomar uma decisão se ele não desse seu aval. Também sempre sabia onde estavam e em companhia de quem. José Miguel recordava que, quando vivia com sua ex-namorada, o pai ligava para ela todos os dias para que ela lhe contasse o que havia feito.

Era um homem que tinha a capacidade de organizar a família toda, e quando ele dizia que iam sair às 10 horas da manhã, que ninguém ousasse se atrasar, porque senão ouviria um belo sermão.

Com tudo que ele estava me contando, perguntei-lhe se para ele a perfeição era realmente o modo como esse homem agia. Então, para sua surpresa, ele se deu conta de que, na verdade, queria viver ao contrário do que havia aprendido com o ex-sogro.

Descobriu que não queria ser um pai perfeito, e sim um bom pai, que ensinaria a seus filhos, o melhor possível, a ser livres e a não viver controlados nem assustados.

O ESTRESSE DE QUERER SER PERFEITO

Com frequência, transformamos nosso dia a dia em uma corrida, e se não chegamos em primeiro lugar, se não somos os melhores, sentimos que falhamos. Faltam horas para fazer tudo que havíamos planejado, e a perfeição é nossa meta, sem levar em conta a saúde, os relacionamentos pessoais nem o prazer de viver.

O pensamento do perfeccionista é rígido e controlador. Os perfeccionistas são pessoas disciplinadas e aparentemente incansáveis. Essa condição está intimamente ligada à falta de segurança em si mesmo e à baixa autoestima, com um elevado medo da rejeição.

Os indivíduos perfeccionistas tendem a acumular tanto estresse e decepções que acabam somatizando problemas digestivos, dermatites, dores nas costas e de cabeça, entre outros.

O perfeccionismo começa na infância e vai tomando força na adolescência. Pode gerar um funcionário impecável, mas que precisará de mais tempo para realizar as tarefas, posto que nunca as dará por concluídas. Sua tendência à crítica excessiva o fará indesejável em muitos círculos, além de uma pessoa de difícil convivência.

Ser perfeccionista tem seu preço

Um estudo realizado pela Universidade de Brock (Ontário, Canadá), com 492 indivíduos, concluiu que pessoas perfeccionistas têm altos níveis de ansiedade e são propensas a se sentir mal por falta de sono, fadiga e dor crônica.

O perfeccionista cria planos de forma minuciosa, mas, muitas vezes, não se decide a empreendê-los ou a concluí-los, posto que não tem flexibilidade para modificar esse plano ou se adaptar a possíveis contingências.

Essa característica pessoal não é considerada uma patologia, mas pode levar a pessoa que a tem a sofrer males maiores, como Transtorno Obsessivo Compulsivo (ou Transtorno Anancástico da Personalidade).

EXERCÍCIO PRÁTICO: VOCÊ É PERFECCIONISTA?

Dedique alguns minutos para responder a estas perguntas:

- Você quer agradar a todos?
- Incomoda-se que alguém o ache antipático ou chato?
- Acha que para ser bem-sucedido tem de renunciar a certas coisas da vida?
- Você se compara com os outros?
- Critica a si mesmo e aos outros?
- É difícil dividir suas emoções?
- Você leva as coisas para o lado pessoal e fica na defensiva?
- Tem a sensação de que, por mais que se esforce, nunca é suficiente?

- Você se acha especial?
- Sente que está fazendo algo errado, mas não consegue identificar o quê?

Se você respondeu afirmativamente a três ou mais dessas perguntas, é provável que seja excessivamente perfeccionista. Seu trabalho, portanto, será se dar o direito de ser imperfeito – o que não deve significar ser conformista. A imperfeição é um caminho de melhoria e superação constantes.

20

Da Pele para Dentro

> "Aquele que conhece o inimigo e a si mesmo, lutará
> cem batalhas sem perigo de derrota."
> *Sun Tzu*

Às vezes, os pacientes vêm ao meu consultório por um motivo aparente, mas, quando se abre a caixa de Pandora, vão saindo outros assuntos ligados entre si e que exigem toda a nossa atenção. Inma é escritora, tem 44 anos, é casada e tem duas filhas. Foi ao meu consultório por um processo de luto mal resolvido após a morte de sua mãe, que ocorrera havia um pouco mais de um ano.

Em sua primeira sessão, ela definiu a si mesma como uma pessoa com baixa autoestima e com dificuldade de se relacionar com os outros. Essa afirmação me surpreendeu, pois ela realmente não demonstrava sinais de insegurança nem dificuldades para expressar seus pensamentos e sentimentos. Diante de minha resposta, ela confessou que, quando decidira fazer terapia, havia se proposto, pelo menos nesse tempo comigo, a ser ela mesma.

Durante anos – ela continuou me contando –, assim como acontece em seus livros, ela havia criado um personagem fictício de si mesma, e já não conseguia mais saber quem era realmente, pois esse personagem vinha sendo aperfeiçoado havia muito tempo. Assim, ela não mostrava aos outros o que sentia e pensava de verdade.

– Um dia, pensei: o que é o socialmente aceito e agradável? E foi nisso que me transformei. E, nesse momento, comecei a deixar de ser eu e passei a ser um personagem.

Ao dizer isso em voz alta, ela não pôde evitar que seus olhos se marejassem. Desde a adolescência, ela escondia dos outros quem realmente era, afirmava. Então, perguntei-lhe como era ela quando pequena, antes de criar esse personagem. Inma sorriu ao recordar que era uma menina alegre, meio insegura e rebelde.

– Essa é você. Essa é sua essência, Inma. Vamos "re-conhecê-la" e mostrá-la ao mundo!

CONHECER A SI MESMO E TOMAR DECISÕES

Nossos sentidos, todos eles, foram criados e educados para perceber o que acontece fora de nosso corpo. Essa é a razão pela qual conhecemos melhor aos outros que a nós mesmos. Podemos perceber aqueles que nos cercam de muitas maneiras, mas... como perceber algo que somos incapazes de apreciar com nossos sentidos? Algo que não está em nosso entorno, e sim dentro de nós?

O autoconhecimento é essencial para a busca da felicidade, uma vez que só sabendo quem somos podemos discernir nossas prioridades e escolher quais decisões tomar a cada momento.

A chave de uma vida de realizações é tentar tomar as melhores decisões para nós mesmos. No entanto, muitas pessoas sentem vertigem ao decidir por si mesmas. O medo de sair da zona de conforto, de errar e não poder voltar atrás pode fazê-las paralisar e não tomar as rédeas em situações em que é necessário fazer mudanças.

Tomar decisões nos testa e nos obriga a redefinir objetivos e estratégias, focando-nos no que podemos fazer por nós mesmos, da pele para dentro; e a ser ao mesmo tempo mais autênticos e úteis aos outros.

Sorte ou azar?

Era uma vez um ancião lavrador que tinha um velho cavalo para cultivar seus campos. Um dia, o cavalo fugiu para as montanhas. Os vizinhos do velho lavrador foram até o sítio dele para consolá-lo em sua desgraça, e disseram:

– Que azar que seu único cavalo fugiu!

E o sábio ancião replicou:

– Azar ou sorte, quem sabe?

Alguns dias depois, o cavalo voltou das montanhas levando consigo uma manada de cavalos selvagens; tantos que quase não cabiam no sítio. Então, os vizinhos foram felicitar o lavrador, dizendo:

– Que sorte que seu cavalo voltou, e ainda trouxe consigo mais um monte de cavalos!

E o velho respondeu:

– Sorte ou azar, quem sabe?

Quando o filho do lavrador tentou domar um daqueles cavalos selvagens, foi jogado no chão, e o jovem quebrou uma perna. Todos consideraram isso uma desgraça, de modo que foram novamente até o ancião dizer:

– Que azar que seu filho quebrou a perna!

Diante disso, o velho lavrador se limitou a dizer:

– Azar ou sorte, quem sabe?

Uma semana depois, o país entrou em guerra e foram recrutados todos os homens jovens em boas condições. Quando viram o filho do lavrador com a perna quebrada, deixaram-no em paz, e ele se livrou de ir à guerra. Isso foi sorte? Ou foi azar? Quem sabe...

Fábula tradicional

SE O PLANO A NÃO DER CERTO...

Em algum momento da vida, idealizamos o que esperamos que aconteça diante de determinada situação; por exemplo, ao arranjar um novo emprego ou ao começar a sair com alguém que intuímos que vai ser importante.

Projetamos onde viveremos, com que trabalharemos, quantos filhos teremos e até onde passaremos as férias. Trata-se de nosso plano A. Esse plano está marcado por nossas experiências de vida, pelas aprendizagens que adquirimos e por nossa ideia de felicidade. Mas o plano A é sempre o melhor?

Todos projetamos os caminhos que desejamos tomar na vida, mas ela é uma constante mudança à qual devemos nos adaptar. E, na mudança de expectativas, quando o plano A vai por água abaixo, podemos acabar descobrindo que o plano B era muito melhor.

O mundo está cheio de provas disso, também entre os famosos de todos os âmbitos. Muitas pessoas esquecem que Julio Iglesias, por exemplo, era um promissor goleiro do Real Madrid e que um acidente acabou com sua carreira. Durante sua longa estadia no hospital, deram-lhe de presente um violão para passar o tempo, e, poucos anos depois, ele se erguia como uma grande figura internacional da música. Nada disso teria acontecido se o plano A tivesse dado certo.

Do mesmo modo, muitas pessoas encontraram o amor de sua vida depois de ser enganadas, ou abandonadas, ou vivido um relacionamento que não deu certo; ou viveram uma mudança de atividade em virtude de uma doença, que lhes permitiu descobrir sua verdadeira vocação. Como foi o caso de Frida Kahlo, entre outros.

Por isso, é absurdo pensar que o plano B, C ou D são alternativas ou projetos secundários a esse plano ideal. Nós somos o plano. Se nos atrevermos a nos escutar da pele para dentro, encontraremos sempre nosso lugar no mundo.

EXERCÍCIO PRÁTICO: RECONHECER NOSSAS SEIS EMOÇÕES BÁSICAS

Para começar a se conhecer, é indispensável reconhecer primeiro o que você sente. Para este exercício, convido-o a descobrir quais são nossas seis emoções básicas e como reconhecê-las.

1. Escreva em um papel as seis emoções que todos os seres humanos têm: alegria, ira, tristeza, nojo, medo e surpresa.

2. Durante uma semana, escreva pelo menos uma situação que provoque em você uma dessas seis emoções. Lembre-se de que as emoções surgem quando acontece algo que não esperamos, como receber uma mensagem de um amigo com quem não falamos há muito tempo, ou discutir com alguém, ou que o chefe diga que quer falar conosco em particular.

3. É provável que seja difícil encontrar alguma situação para uma das emoções. Nesse caso, esforce-se para encontrar.

Com este exercício você notará como vive as coisas que acontecem, sentindo da pele para dentro o que provocam em você.

21

Afetação de Todas as Áreas

"Se eu tivesse uma hora para resolver um problema, usaria 55 minutos para defini-lo e cinco para resolvê-lo."
Albert Einstein

María José tem 35 anos e trabalha em um banco. Seu namorado a maltratava psicologicamente e ela não conseguia trabalhar direito, porque só pensava nele por causa do medo que sentia. Se ele ligava e María José não atendia imediatamente, o namorado aparecia no trabalho e fazia uma cena.

A ansiedade diante dessa situação fez que ela parasse de comer e dormir, e então emagreceu muito. Além do mais, deixara de ver sua família e amigos porque eles a aconselhavam a terminar com o namorado, e isso a fazia sofrer ainda mais.

O exemplo de María José é um caso frequente; a área afetiva abalada acaba prejudicando todas as áreas da vida. A terapia focou a cura das áreas afetadas de maneira ordenada, começando pelas secundárias.

Tentamos fazê-la voltar a comer e dormir para recuperar as forças e poder enfrentar as outras áreas. O passo seguinte foi ela sair de novo com os amigos, mas sem falar do assunto que a preocupava. E, quanto ao trabalho, ela teria de fazer um esforço para render mais, e, assim, evitar uma possível demissão. María José aceitou não atender o celular no trabalho, e ao mesmo tempo deixou bem claro ao namorado que ele não poderia ligar enquanto ela trabalhava.

Uma vez recuperadas todas as áreas, ela teve a força necessária para enfrentar o problema principal e avaliar se queria continuar ou não com o namorado.

Quando temos um problema que afeta várias áreas da vida, às vezes não podemos detê-lo diretamente. Antes, precisamos fazer pequenas mudanças, adotar hábitos saudáveis e, quando estivermos preparados para a grande decisão, empreender todos os esforços nele. Com frequência, porém, realizar mudanças em outras áreas da vida resulta que o problema inicial se resolva por si só.

> ### As sete áreas vitais
>
> Os seres humanos têm diferentes áreas de atuação, e todas elas fazem que sejamos quem somos e estejamos onde estamos. Mas, estão relacionadas entre si?
>
> *Trabalho, lazer, relações sociais, família, relação afetiva, saúde* e *eu mesmo* são as principais áreas vitais que compõem uma pessoa.
>
> Quando alguma delas falha de forma significativa, pode acabar provocando uma crise no conjunto. Somos seres holísticos e, como tais, precisamos obter a harmonia entre todas as partes para nos sentir bem.
>
> Vale a pena revisar o estado de saúde de cada um desses aspectos da vida, como mostra o exercício no final deste capítulo.

UM POR TODOS E TODOS POR UM!

Quando dedicamos todo o nosso esforço para que uma área de nossa vida vá bem, podemos incorrer no erro de não levar em conta as outras seis áreas vitais. Mas temos consciência disso?

O homem-orquestra tem a capacidade de tocar vários instrumentos ao mesmo tempo e obter uma melodia agradável. Às vezes, um instrumento se destaca dentre os outros porque nesse momento da peça tem mais relevância que o resto, mas continua chegando aos nossos ouvidos uma melodia harmoniosa e sonora, perfeita. Se ele apenas se concentrasse na prática de um instrumento e não exercitasse diariamente o restante, separadamente e em conjunto, não poderíamos curtir sua música do mesmo modo, e inclusive chegaríamos a perceber uma melodia desafinada e irritante.

Isso é o que acontece em nossa vida. De nada adianta ter muito sucesso no trabalho se para isso tivermos de abandonar nossa vida familiar ou renunciar ao lazer ou a nossos amigos. Seguindo o lema dos três mosqueteiros, trata-se de que cada área acrescente e enriqueça todas as outras.

> **EXERCÍCIO PRÁTICO: A RODA DA VIDA**
>
> Este exercício clássico dos *workshops* de crescimento pessoal é muito útil para obter uma radiografia de cada área de nossa vida e ver quais precisam de nossa atenção prioritária.
>
> 1. Desenhe em uma folha uma roda com sete partes: *trabalho, lazer, relações sociais, família, relação afetiva, saúde* e *eu mesmo*.
>
> 2. A seguir, pontue entre 0% e 100% sua dedicação e sucesso em cada uma delas.

3. Recorte cada parte da roda segundo a porcentagem de importância que tem em sua vida.

4. Observe a roda e analise se sua vida pode *rodar* de forma fluida ou se há grande defasagem entre as áreas.

5. Uma vez detectadas as partes mais pobres, elabore um plano prático para começar, o quanto antes, a dar mais destaque a essas áreas, e assim, equilibrar sua vida.

22

Criar e Recriar-se

"Desde criança eu pintava como Rafael, mas levei a vida toda para aprender a desenhar como uma criança."

Pablo Picasso

Com apenas 23 anos e a faculdade de Economia concluída, Javier tinha sérias dúvidas sobre em que trabalhar, já que gostava de muitas coisas. Havia feito Economia porque sempre fora muito bom aluno e lhe diziam que tinha futuro, mas, de repente, sentia que não desejava se dedicar ao mundo empresarial.

Por outro lado, sabia que tinha muito talento artístico e tinha certeza de que isso lhe bastaria para ser bem-sucedido, sem levar em conta a enorme luta e concorrência que essa aspiração implicava.

A terapia com Javier consistiu em fazê-lo pôr o pé na terra sem que, por isso, renunciasse a seus sonhos. Eu o adverti de que no mundo da arte, sem capacidade financeira, não ia ser tão facilmente bem-sucedido. Propus, portanto, que trabalhasse em algo relacionado com seus estudos para ter uma tranquilidade financeira que lhe permitisse desenvolver seu plano artístico.

Hoje em dia, ele é músico no tempo livre e faz shows; até já gravou um CD. Por ora, segue o lema: "Ter um emprego que lhe dê de comer e outro que lhe dê de viver".

SOMOS TODOS CRIATIVOS

A criatividade é uma virtude humana que vai além do território artístico. Uma pessoa pode ser muito criativa e não gostar de desenhar, de escrever ou de tocar instrumentos. A criatividade é também a capacidade que temos de buscar alternativas, de ser engenhosos quando surge um problema, de buscar opções B, C e D até encontrar um caminho que se adapte à nova situação.

Podemos desenvolver a criatividade em nosso emprego, quando estamos cozinhando ou até quando dirigimos, buscando outros caminhos para chegar ao nosso destino se o habitual estiver obstruído.

Em termos gerais, contudo, muitas pessoas não conseguem desenvolver todo o seu potencial porque ainda não descobriram em que área podem brilhar. Possuem toda a criatividade do mundo, mas falta-lhes uma paixão para aplicá-la. Estamos falando de achar o próprio elemento, como o peixe que nada feliz na água.

QUAL É SEU ELEMENTO?

Todos somos únicos e temos uma atividade que nos apaixona e para a qual somos especialmente dotados. *O Elemento-chave*, um revelador ensaio de Ken Robinson, fala dessa confluência de nossa vocação e nossas aptidões.

Por que, então, existem pessoas que atingem seus objetivos e outras não? Normalmente, as primeiras mostram uma paixão extraordinária por aquilo que fazem porque se encontram em seu elemento. Ou seja, a chave está em fazer aquilo pelo que somos apaixonados de verdade.

A busca do elemento nos permite descobrir nosso verdadeiro potencial, mas, antes, precisamos superar as limitações que nos ensinaram e que nos impusemos por medo do fracasso. Devemos aproveitar nossas faculdades, focando em nossa capacidade e nossa vocação. Ou seja, o segredo é deixar de nos perguntarmos quão inteligentes somos para nos perguntarmos *como* e *quando* somos mais inteligentes.

Como em toda mudança vital, podemos encontrar impedimentos. Em primeiro lugar, o medo de saber que existe outra forma de viver, que, na realidade, nos faria mais felizes.

Por outro lado, a ideia de que o que queremos fazer é irresponsável ou o pavor que sentimos de que os outros, especialmente aqueles a quem amamos, desaprovem nossas ações e decisões.

Por último, há o preconceito que diz que a idade determina aquilo que podemos fazer, ou seja, que existe uma idade para estudar e outra para se dedicar à arte ou para mudar de profissão.

Quando alguém encontra seu elemento e mergulha nele, perde a noção do tempo porque está conectado consigo mesmo. De repente as ideias fluem com criatividade e harmonia. Tudo se encaixa, e a pessoa curte o que faz, por mais árduo que possa parecer de fora. Robinson chama isso de "a área". Ou seja, quando somos apaixonados por aquilo que fazemos, sentimo-nos cheios de energia, entregamo-nos por inteiro e somos plenamente conscientes. Na área certa, nós nos sentimos livres e podemos ser nós mesmos.

E o que fazer para encontrar seu elemento? Em primeiro lugar, precisa encontrar aquilo que o torna especial à sua maneira, algo pelo qual você sente paixão; isso que, quando você faz, tudo parece fluir.

Talvez o medo ainda esteja mordiscando sua orelha. Você pensa: "Sei que sou apaixonado por isso, mas vou abandonar meu emprego para fazer isso?". E a resposta a suas dúvidas é NÃO.

Robinson não fala de abandonar tudo para se dedicar a seu elemento, e sim de encontrar um equilíbrio entre o que lhe dá de comer e o que lhe dá de viver. Ou seja, como acontecia com Javier, o trabalho que paga suas contas e a paixão que preenche sua alma.

Talvez, com o tempo, você possa se dedicar 100% a seu elemento e transformar seu trabalho em sua paixão, mas não é necessário que abandone sua profissão. Ambos podem coexistir perfeitamente. Robinson chama esse fenômeno de *pro-am:* uma pessoa amadora que se dedica durante seu tempo livre a uma atividade como se fosse um profissional, e que se sente compensada pelo prazer e a alegria que isso lhe proporciona.

> **Inspirações de Ken Robinson para encontrar seu elemento**
>
> "Se você não está preparado para errar, nunca conseguirá fazer nada original."
>
> "O que determina nossa vida não é o que acontece conosco, e sim o que fazemos com o que acontece."
>
> "A criatividade é a imaginação aplicada."
>
> "Fazer aquilo de que gostamos nos enche de energia e de vitalidade. Trata-se não só de uma energia física, mas também mental."
>
> "Um dos inimigos da criatividade e da inovação é o senso comum."
>
> "O extraordinário acontece quando saímos da rotina, reconsideramos nossa trajetória e recuperamos velhas paixões."
>
> "Para encontrar seu elemento, é fundamental poder se conectar com outras pessoas que compartilhem de sua mesma paixão."

VOLTAR A SER CRIANÇA

Alguém já parou para pensar que as crianças são mais felizes que os adultos?

Há atitudes delas que esquecemos à medida que crescemos, e que podemos recuperar para uma vida plena. Vejamos alguns exemplos:

- *As crianças tentam fazer muitas coisas.* Coisas sem sentido e surpreendentes, como comer terra ou patinar no gelo. Fazem isso sem medo e sem trégua. Experimentam o tempo todo.
- *As crianças não sabem o que não sabem.* Por isso perguntam tudo.
- *As crianças ficam facilmente entediadas.* Vivem em mundos de fantasia, porque a realidade lhes parece limitante.

Agir como criança, mesmo que só um pouco, é uma maravilhosa maneira de ultrapassar nossos limites e descobrir nossos pontos fortes, e até mesmo nosso elemento. Nossa infância volta quando encontramos nossas paixões, com diversão e curiosidade, esquecendo a idade cronológica que temos.

> ### EXERCÍCIO PRÁTICO: RECUPERAR O ESPÍRITO DA INFÂNCIA
>
> Estas simples iniciativas o ajudarão a despertar o espírito lúdico e curioso que caracteriza a infância:
>
> 1. Se você ainda tiver diários ou redações da infância, releia-os buscando detectar que interesses ficaram sepultados pela poeira do tempo.
>
> 2. Mude alguma rotina sem razão aparente. Por exemplo, o caminho que pega para ir ao trabalho. Observe que outros mundos você descobre nessa rota.
>
> 3. Volte a desenhar, a experimentar com instrumentos musicais, a escrever como na infância ou adolescência. Descubra o que emerge de seu interior.

23

Dar e Pedir Ajuda

> "Velas acesas acendem velas."
> *Dito popular*

Sergio tem duas filhas de um casamento anterior. Estava com uma nova companheira que tinha um filho. Foi fazer terapia porque sua nova companheira o convencera de que ia dar tudo certo, embora ele não tivesse certeza disso.

Durante o processo terapêutico, tentei adivinhar, para começar, o que ele estava fazendo ali. Logo descobrimos que desde que se separara não estava bem, e sequer havia percebido isso. Até então, ele apenas seguira a inércia da vida, sem parar para pensar que talvez não houvesse superado o luto da separação. Tudo havia acontecido tão rápido que havia encarado a vida como vinha, sem atentar a como se sentia.

Percebi que Sergio precisava de tempo para si mesmo, para se recolocar. Por isso, incentivei-o a pedir à sua atual companheira dois dias por semana para estar consigo mesmo e com suas filhas. Isso lhe permitiu viver o luto pendente.

Todo luto consiste em trabalhar a perda que representa deixar de estar com uma pessoa, a ruptura e as expectativas de futuro desaparecidas, assim como fazer uma síntese e tirar conclusões acerca dos motivos do que aconteceu e de não haver dado certo.

APRENDER A PEDIR

Um estudo recente afirma que, diante de qualquer problema, nós nos sentimos melhor quando tentamos resolvê-lo antes de pedir ajuda, mesmo que esteja além de nossas possibilidades. Mas, por acaso, sabemos aceitar a ajuda e aprender com ela?

Quando pedimos ajuda, tomamos consciência de que nossos recursos não são suficientes para resolver o problema, e isso pode fazer que nos sintamos inferiores. No entanto, podemos ver as coisas de outro ponto de vista: pedir ajuda é também dar oportunidade a outra pessoa de demonstrar seu apreço por nós e lhe dar a satisfação de revelar seu talento e generosidade. Por sua vez, quem recebe a ajuda pode ver a situação de outra perspectiva e aprender com o outro.

Por isso, não devemos nos envergonhar de pedir ajuda, desde que isso não sirva para promover a passividade nem a dependência. A ideia é receber para depois ajudar a si mesmo e aos outros. Ninguém nasce erudito em nada; aprendamos com os erros e as novas estratégias. Isso nos faz crescer, amadurecer e ser mais felizes.

Não seja um capacho

Em seu livro *Dar e Receber,* o professor norte-americano Adam Grant fala, entre outras coisas, do papel de doadores ou de receptores que desempenhamos.

Os *doadores* são aqueles que, por alguma razão, se sentem em dívida para com o mundo e tentam obter sua aprovação dando o melhor de si: seu tempo, energia, dinheiro, contatos...

Por sua vez, os *receptores* são aqueles que atraem os favores dos doadores e, em casos extremos, vampirizam-nos e/ou vivem à sua custa. Acham que o mundo é uma selva e que, se não se defenderem, ninguém mais o fará.

Há receptores que agem de forma manifesta, e outros que se escondem atrás de uma generosidade enganosa. Os *falsos doadores* são aqueles que dão algo primeiro, porque sua estratégia é tomar dez vezes mais. Trata-se, portanto, de uma perigosa espécie velada de receptores.

Entre os doadores e os receptores estariam os *equilibradores,* pessoas que tentam encontrar um equilíbrio entre o que dão e o que recebem.

Por último, Adam Grant divide os doadores em duas subespécies:

Os *doadores com critério* são aqueles que sabem *a quem, quando, como, por quê* e *a troco de quê* dar. Demonstram que a generosidade não se opõe ao sucesso, já que nessa categoria se encontram empreendedores e artistas, que veem sua atitude recompensada.

No lado sombrio da generosidade estariam os *capachos,* que são aqueles em quem todo mundo pisa, porque, de tanto dar indiscriminadamente, ninguém mais valoriza o que fazem, pois se dá por certo que sempre oferecem tudo.

EXERCÍCIO PRÁTICO: A ASSERTIVIDADE EM CINCO PASSOS

O propósito aqui é expressar aos outros o que sentimos e pedir que mudem algo em sua atitude pelo bem comum:

1. Pense no comportamento de alguém que o incomode. Fale com essa pessoa e descreva, de forma precisa, o que ela faz que o incomoda. Por exemplo: "Quando eu lhe conto algum problema, antes de terminar você tenta encontrar uma solução".

2. A seguir, expresse os sentimentos que isso provoca em você. Seguindo o exemplo: "Isso faz que eu me sinta pouco escutada e valorizada, além de pouco válida para resolver meus próprios problemas".

3. Procure entender por que essa pessoa age assim, ou seja, acrescente empatia: "Entendo que você faz isso porque não gosta de me ver sofrer e tenta resolver as coisas para mim".

4. É aqui que você pede à pessoa que pare de fazer o que faz, que em nosso exemplo seria: "No entanto, gostaria que, quando eu lhe contar algo, você se limitasse a me ouvir e me entender, e que só me dê respostas ou conselhos seu eu lhe pedir".

5. E, por último, o mais importante: especifique as consequências que haverá se a pessoa não mudar sua atitude (e, claro, cumpra): "Se isso não mudar, cada vez vou lhe contar menos coisas a meu respeito".

24

Um Sol Dentro de Você

"A mentalidade vitimista dilui o potencial humano. Ao não aceitar a responsabilidade pessoal por nossas circunstâncias, reduzimos em grande medida nosso poder de mudá-las."
Steve Maraboli

Alejandra tinha 18 anos e vivia com seu pai quando foi pela primeira vez ao meu consultório. Depois de concluir o Ensino Médio, não queria estudar mais. Seu pai a havia matriculado em vários cursos, mas ela não foi a nenhuma aula.

Passava o tempo dormindo e na frente do computador, como um *hikikomori* japonês, e havia relaxado muito na aparência física.

Quando ela começou a terapia, tive a impressão de que pouco a pouco estava melhorando. Ela emagreceu, e cada vez saía mais, até que, um dia, começou a cancelar as sessões e, de repente, parou de ir.

Agora, seu pai me procurou porque não sabe como agir com ela, que voltou a não fazer nada. Comecei a desenvolver a terapia por meio dele, e o fiz ver a parte de responsabilidade que tinha sobre a atitude de sua filha. Ele é um pai que sempre lhe deu tudo e continua tratando-a como uma criança que não pode se responsabilizar por si mesma.

Expliquei por que é necessário que ele mude as normas e que lhe ensine que tudo tem um preço e que não pode continuar alimentando-a, emprestando-lhe o carro e pagando a gasolina. Não se trata de um assunto financeiro, e sim de educá-la para o esforço. Alejandra precisa saber que é capaz de conseguir aquilo que se propuser por meio do esforço e da motivação.

O SALVADOR SE TRANSFORMA EM VERDUGO

Quando tentamos ajudar alguém, livrando-lhe a barra o tempo todo, transformamo-nos em um salvador que vai socorrendo a pessoa diante de todos os obstáculos que encontra na vida. No entanto, o salvador se transforma ao mesmo tempo em verdugo, porque o que faz, na verdade, é incapacitar a pessoa. O verdugo não dá oportunidades, transforma a pessoa em um inútil.

Para empoderar alguém, devemos ensiná-lo a perceber o quanto vale e a se conscientizar de tudo que é capaz de fazer. No entanto, pode ser difícil para a pessoa afetada reconhecer suas capacidades.

É muito comum hoje em dia que os pais limitem seus filhos sem perceber. Por um lado, querem que eles se virem sozinhos, mas, por outro, não os julgam capazes disso, ou não têm paciência e logo os ajudam. Os pais devem deixar seus filhos cometerem erros e levarem tombos. Isso lhes permitirá tirar suas próprias conclusões e aprender a corrigir seus erros.

Como eu disse a uma paciente no consultório, salvar os outros é trabalho para deuses e super-heróis.

NÃO DEIXE QUE NINGUÉM ROUBE SEU BRILHO

Em certa ocasião, eu disse a uma paciente totalmente abduzida por seu companheiro: "Você é uma pessoa maravilhosa, tem uma mente e um coração extraordinários. Não deixe que o que ele quer eclipse o que você necessita. Ele é ótimo, mas não é o sol. Você é".

Quando deixamos que os outros guiem nossa vida e nos dedicamos a atender suas necessidades, inclusive negligenciando as nossas, esquecemos quem somos, o que queremos e o que nos faz felizes.

Somos o astro-rei de nossa própria vida. Cada um de nós tem luz própria, capacidade de iluminar a si mesmo e a todo aquele que precisar de claridade e calor. Mas, antes de mais nada, temos de abastecer a nós mesmos.

Brilhe com luz própria, você não precisa de ninguém nem ninguém precisa de você para viver. Seja seu próprio sol e construa um extraordinário sistema solar. Não deixe que ninguém roube seu brilho nem o apague. Você é o sol.

Só podemos oferecer o que temos

Um sábio, certa tarde, chegou à cidade de Akbar. As pessoas não deram muita importância à sua presença, e seus ensinamentos não conseguiram atrair a população. Depois de algum tempo, ele se tornou motivo de risos e chacotas entre os habitantes.

Enquanto ele passeava um dia pela cidade, um grupo de homens e mulheres começou a insultá-lo. Em vez de fingir que os ignorava, o sábio se aproximou deles e os abençoou. Um dos homens comentou:

– É possível que, além de tudo, você seja surdo? Nós gritamos coisas horríveis, e você nos responde com belas palavras?

– Cada um de nós só pode oferecer o que tem – foi a resposta do sábio.

EXERCÍCIO PRÁTICO: PÔR AS IDEIAS EM PRÁTICA

Desde a Grécia clássica, os filósofos insistem na importância de caminhar, para pensar e tomar decisões. Este simples exercício é ideal para você sair de sua zona de conforto, tanto física quanto mentalmente.

1. Escolha um parque ou um bairro que não conheça ou aonde não vai faz tempo.

2. Decida qual será o *tema do dia,* aquilo que você precisa analisar e decidir durante a caminhada, que durará no mínimo 20 minutos.

3. Enquanto estiver caminhando, memorize os pontos importantes que forem surgindo em sua cabeça e as resoluções que deve fazer.

4. Quando voltar para casa, anote em sua agenda essas resoluções e assine seu compromisso de cumpri-las no prazo determinado.

No livro *Wanderlust: a History of Walking*, Rebecca Solnit comenta sobre isso: "Caminhar é um estado no qual a mente, o corpo e o mundo estão alinhados como se fossem três personagens que finalmente mantêm uma conversa juntos, três notas que de repente fazem um acorde [...] Caminhar nos dá a liberdade de pensar sem nos perdermos totalmente em nossos pensamentos".

25

O Idioma da Felicidade

> "Os limites de minha linguagem denotam
> os limites de meu mundo."
> *Ludwig Wittgenstein*

Não conhecemos o poder das palavras que pronunciamos, não somente para os outros, mas também para nós mesmos. E Ana era um claro exemplo disso. Quando completou 60 anos, começou a fazer terapia.

– Quero aprender a viver melhor os anos que me restam – disse no dia que nos conhecemos.

Desde que ela recordava, havia sido uma mulher muito crítica consigo mesma, autoboicotando-se com insultos e limitações. Em várias ocasiões a ouvi dizer no consultório, depois de derramar um pouco de chá na mesa: "Como sou desajeitada!". Também era frequente, quando ela avaliava a possibilidade de fazer algo novo, como um curso de culinária ou de dança, que utilizasse expressões como "Não sei fazer isso", "Não consigo" ou "Com certeza não vai dar certo".

A terapia consistiu basicamente em ela aprender a escutar o que dizia a si mesma. Ela se surpreendeu ao perceber como falava consigo mesma, e então lhe expliquei que, assim como falamos, nos sentimos.

Nossa linguagem constrói nossa realidade; portanto, ela começou a substituir aquelas expressões tão arraigadas por outras mais construtivas e mais coerentes com a realidade. Substituiu-as por afirmações como "Eu estava distraída" ou "Não tentei, mas sei que consigo".

Assim, ela tomou consciência de que as maiores limitações que podia encontrar na vida estavam em sua cabeça.

FALE-ME DE VOCÊ

Pensamos com palavras, e transformamos as palavras que utilizamos em nossa realidade. Dependendo das palavras que usarmos, nossa realidade será uma ou outra; simples assim.

Portanto, vamos escolher bem o que dizemos, que palavras expressamos para pensar sobre nós e os outros, porque a qualidade de nossa vida depende disso, em grande escala.

> **Programação neurolinguística (PNL)**
>
> A chamada programação neurolinguística (PNL) nasceu como uma estratégia de comunicação e desenvolvimento pessoal que investigava as atitudes e condutas das pessoas que atingiam seus propósitos na vida cotidiana, e mostrava, a partir desses modelos, como alcançar os de cada um.
>
> Essa terapia foi criada em 1970 por Richard Bandler e John Grinder, inspirada em preceitos de diversas escolas, como o comportamentalismo, as filosofias orientais, a Gestalt, a psicologia social e as teorias da aprendizagem, mas sempre de um ponto de vista prático.
>
> O termo *neurolinguístico* vem de *neuro,* ou seja, toda decisão e ação provêm de nossos processos neurológicos – audição, visão, olfato, paladar, tato e emoção; e *linguístico* porque nós, seres humanos, utilizamos a linguagem para organizar e concretizar nosso pensamento e conduta.

> Por isso, a maneira como nos comunicamos conosco e com os outros acaba configurando nossa realidade.
>
> Segundo Joseph O'Connor e John Seymour em *Introdução à Programação Neurolinguística*: "Somos o que pensamos, e se mudarmos nossos pensamentos, também poderemos mudar o que nos cerca".
>
> Para mudar nossos pensamentos, é preciso transformar nossa linguagem.

Vejamos, agora, outra questão importante relacionada com a linguagem.

Muita gente fala em segunda ou terceira pessoa ao se referir a si mesma, a seus pensamentos ou emoções. Já se flagrou alguma vez *não falando de você*?

É mais simples emocionalmente dizer coisas como: "Quando isso acontece, você se sente mal e reage de qualquer jeito", por exemplo, do que dizer: "Quando isso acontece, eu me sinto mal e reajo de qualquer jeito".

Distanciar-se das próprias emoções na hora de expressá-las é um recurso que muita gente utiliza para não sentir o mal-estar nem a responsabilidade delas. No entanto, somente quando nos responsabilizamos por nossas ações, emoções e pensamentos é que podemos modificá-los.

Utilizar mais a *mensagem eu* é um recurso muito útil e eficaz para isso.

Por último, outra situação na qual é importante atentar para o uso da linguagem é quando culpamos o outro pelo que acontece conosco, usando a *mensagem você*, em vez de assumir a responsabilidade do que nós mesmos sentimos, transformando-a em *mensagem eu*.

Um exemplo seria o famoso "Você me tira do sério!". Como podemos ver, nesse caso atribuímos ao outro nosso estado. O modo *mensagem eu* de mudar essa expressão seria: "Quando você chega atrasado, fico nervosa e impaciente". Ninguém pode rebater nem questionar nossas emoções e sentimentos sobre algo, e menos ainda quando assumimos a responsabilidade por eles.

Diante de uma mesma situação, várias pessoas podem reagir de maneiras diferentes. Portanto, a responsabilidade não está no que o outro faz, e sim em como nós o assimilamos. Utilizar mais a *mensagem eu*, ou seja, expressar o que sentimos e pensamos em primeira pessoa, é um recurso muito útil e eficaz para melhorar nossas relações com os outros.

> **EXERCÍCIO PRÁTICO: DOIS AJUSTES PARA MUDAR SUA REALIDADE**
>
> Aplicando as seguintes mudanças, você será capaz de transformar sua forma de falar e, portanto, de pensar; e assim, estará facilitando o nascimento de uma nova realidade.
>
> 1. Identifique quando você usa o condicional. Em vez de dizer: "Se X acontecer, vou poder...", procure uma forma de expressar o mesmo que lhe devolva a responsabilidade: "Farei X para conseguir...".
>
> 2. Mude o *tenho de...* pelo *vou fazer...* Um exemplo muito simples é substituir o "Tenho de organizar minha agenda" por "Vou organizar minha agenda agora mesmo".

Epílogo: Breve Decálogo da Felicidade

Tenho a convicção de que não é coerente nem conveniente que um profissional da psicologia dê conselhos, técnicas ou ajude os outros sem antes ajudar a si mesmo ou aplicar tudo que prega.

A esta altura do livro, eu gostaria de lhes contar uma experiência pessoal. Aconteceu em uma conversa que tive há um tempo com meu querido amigo Francesc Miralles depois de um agradável jantar. Estávamos falando dos assuntos inconclusos, e ele me perguntou se eu tinha algum assunto pendente que me fizesse ficar ancorada no passado. Depois de pensar um pouco ouvindo a música de fundo, contei-lhe minha única história que poderia definir como pendente.

Foi um relacionamento que comecei com um rapaz quando ainda estava na faculdade. Tudo corria bem, até que, de repente, quinze dias depois de começarmos a sair, ele desapareceu de minha vida. Na noite anterior havíamos ido jantar e depois ao cinema, e ele me deixara em casa com a ideia de que nos veríamos no dia seguinte. Mas no outro dia, na hora do almoço, ele ainda não havia entrado em contato comigo, e por isso eu liguei. Mas não obtive resposta.

Pensei que ele devia estar na praia, ou ocupado, e que me ligaria quando visse a chamada perdida. Mas não ligou. Passavam-se as horas e eu continuava sem notícias dele. Liguei de novo, mandei mensagens, preocupada, pensando que talvez houvesse acontecido alguma coisa. Acabou o dia e ele não havia entrado em contato comigo. Eu sabia onde ele morava, mas me parecia invasivo aparecer na casa dele, de modo que no dia seguinte continuei insistindo com ligações e mensagens.

E nada. Até que no terceiro dia parei de tentar. Ele havia ido embora, desaparecido.

Durante anos isso foi um espinho cravado em minha vida. Eu não entendia por que ele havia agido dessa forma, culpava-me de ter feito algo que o incomodara e, especialmente, não entendia por que ele simplesmente não me explicava o motivo.

Francesc, impaciente como é, disse que isso sim era um assunto inconcluso. Mas respondi que, sem que eu percebesse, sem saber quando nem por quê, havia deixado de ser.

Foi falando com Francesc que descobri que isso havia acontecido no momento em que o rapaz deixara de ser importante para mim; e, mais que ele, o que havia feito comigo. Ele me abandonara sem mais nem menos, sem explicação. E daí? Percebi que nem ele nem o que acontecera era tão importante a ponto de eu lhes dar atenção ou um lugar em minha memória. As coisas que iam acontecendo em minha vida tinham muito mais interesse e relevância que aquele desaparecimento repentino.

Talvez por isso sinto que não tenho assuntos inconclusos: porque ou *os encerro o quanto antes* ou *deixam de ter importância*, porque o presente os invade e os apaga.

Ou seja, aquilo que não vai me ajudar, não deixo que me atrapalhe.

Como despedida e agradecimento por compartilhar este livro comigo, apresento um breve decálogo da felicidade para manter à mão e aplicar sempre que for possível:

1. *Lembre-se de seus valores.* É essencial que você defina quais são seus princípios para viver de acordo com eles; não perca de vista quem você é nem aonde quer ir.

2. *Esqueça seus erros.* Ao longo da vida, você vai errar ou dar um passo em falso. Não faz mal cometer erros; o bom é aprender com eles para fazer as coisas cada dia melhor.

3. *Seja proativo.* Se quiser transformar sua vida, promova mudanças, tome decisões e assuma as consequências.

4. *Nunca se renda.* Ter um objetivo em mente, uma meta a alcançar, vai lhe dar a motivação necessária para superar os obstáculos que forem aparecendo pelo caminho.

5. *Dê-se uma folga.* Dar sempre 120% para atingir suas metas fará você se esgotar depressa. Intercale momentos de esforço com momentos de prazer.

6. *Deixe sua marca.* Ser produtivo e ajudar os outros nos faz feliz. Olhe em volta, pense como você pode contribuir para melhorar sua vida e a dos outros. Então, ponha as mãos na massa.

7. *Faça algo novo.* Fazer coisas inesperadas nos revigora e recarrega as pilhas, além de permitir que aflorem nossas capacidades.

8. *Rompa com os velhos hábitos.* Nosso cérebro com frequência é regido por padrões de comportamento mecânicos que podemos mudar. Só precisamos de valentia, compromisso e força de vontade.

9. *Expresse sua gratidão.* Por mais autossuficientes e autônomos que sejamos, dependemos de nosso entorno e precisamos dos outros para viver. Por isso é importante mostrar nossa gratidão para o mundo e nossos companheiros de vida.

10. *Ame com sinceridade.* Ame de verdade, sem condições nem restrições. Ame como você gostaria de ser amado. Seja honesto com suas emoções e expresse-as sem reservas.

NIKA VÁZQUEZ SEGUÍ